조중훈처럼

대한민국을 바꾼 경제거인 시리즈 ❾

조중훈처럼
대한민국을 바꾼 경제거인 시리즈 ❾

초판 1쇄 발행 | 2013년 10월 31일

저 자	고수정
감 수	유재천
발 행 인	김영희
발 행 처	(주)FKI미디어 www.fkimedia.co.kr
기획·마케팅	신현숙, 권두리
디 자 인	이보림, 한동귀, 문강건, 이현주, 이소영
편 집	변호이, 민서영, 박지혜
등 록	13-860호
주 소	150-742 서울 영등포구 여의도동 27-2
전 화	출판콘텐츠팀: 02-3771-0228 / 영업팀: 02-3771-0245
팩 스	02-3771-0138
E-mail	anyhow4152@fkimedia.co.kr
ISBN	978-89-6374-062-1 04320
정 가	12,500원

| 낙장 및 파본 도서는 바꿔 드립니다.
| 이 책 내용의 전부 또는 일부를 재사용하려면 반드시 FKI미디어의 동의를 받아야 합니다.

이 도서의 국립중앙도서관 출판시도서목록(CIP)은 e-CIP홈페이지(http://www.nl.go.kr/ecip)와 국가자료공동목록시스템(http://www.nl.go.kr/kolisnet)에서 이용하실 수 있습니다.(CIP제어번호: CIP2013019949)

대한민국을 바꾼 경제거인 시리즈 ❾

조중훈처럼

땅과 하늘과 바다의 길을 연 **대한민국 수송계의 거목**

고수정 지음
유재천 감수

감수의 글

　정석 조중훈 회장님과 작은 인연을 맺고 한진그룹, 특히 대한항공이 발전하는 과정을 곁에서 보아온 관계로 이 책의 감수를 맡게 되었습니다. 감수를 맡으면서 이 책이 청소년 독자들에게 도움이 될 수 있도록 다음과 같은 몇 가지를 중심으로 살펴보았습니다.

　무엇보다도 먼저 책의 내용이 하늘길, 땅길, 바닷길을 열어 한진그룹을 지구촌 수송(자동차, 배, 항공기 등으로 사람이나 물건을 실어 옮김)과 물류 전문 대기업으로 성장시킨 조중훈 회장님의 업적을 제대로 알리고 있는지를 따져보았습니다. 조중훈 회장님의 모든 업적을 한 권의 책에 다 담을 순 없었겠지만, 독자 여러분들에게 꼭 알려주면 좋을 회장님의 대표 업적들은 충실하게 다루었다고 생각합니다.

　두 번째로 기업가로서 남다른 능력을 지니고 계셨던 조중훈 회장님의 기업가정신과 경영 철학 등을 잘 나타내었는지 살펴보았습니다. '신용'을 재산으로 여기고 실천했던 기업인, 알맞은 때에 '선택'과 '집중'이라는 발군의 통찰력을 지녔던 기업인, 수익이 크다고 다른 기업을 모방하지 않고 수송보국(輸送報國, 수송업을 통해 나라에 보답함)의 한길을 고집하며 원칙에 충실했던 기업인, '기업은 예술'이라며 창조 경영을 강조했던 경영자 등등 정석 조중훈 회장님은 독특한 면모를 지닌 분이셨습니다.

　또한, 조중훈 회장님은 기업의 이윤에 앞서 나라의 부름에 응하는 선공후사(先公後私, 공익을 앞세우고 사익을 뒤에 둠)의 모범을 보여준 기업인이었습니다.

대한항공공사, 대한선주, 인하공대 등을 인수한 것이 그러합니다.

세 번째로 살펴본 것은 교육과 인재 양성에 쏟은 남다른 정성과 투자 부분이었습니다. 갑자기 기울어진 가정 형편 때문에 중학교를 중퇴한 뼈아픈 경험으로 조중훈 회장님은 평생 배움에 목말라하셨습니다. 그 회한으로 직원들의 자녀가 학비 때문에 공부를 못 하는 일이 없도록 세심하게 배려했으며, 사재(개인의 재산)를 쏟아부어 오늘의 명문 학교인 인하대학교와 항공대학교를 있게 했습니다.

이 교육 기관을 인수해 우수한 고등교육 기관으로 만들기까지 기울인 노력과 아낌없는 투자는 인재입국(人材入國, 인재를 키워 나라에 기여함)의 모범 사례가 아닐 수 없습니다. 더욱 감동적인 것은 사내대학(회사 안에 자체적으로 만든 대학)을 만들어 대학 교육을 받지 못한 직원들에게 배움의 기회를 주고, 사내대학 졸업생들에게 일반대학 졸업자와 마찬가지의 대우를 해준 일이었습니다. 이처럼 조중훈 회장님은 당시로서 파격적인 사내대학의 창시자이십니다.

끝으로 본 것은 조중훈 회장의 이야기를 담는 형식에 관한 것이었습니다. 처음에는 《조중훈처럼》에 다른 위인전기와 같은 책들이 빠지기 쉬운 '과장'이 넘칠까 우려했습니다. 실제 이야기를 소설화하여 각색하다 보면 다소 주인공을 미화(美化, 아름답게 만듦)하거나 업적을 부풀리는 일이 벌어질 수도 있기 때문입니다.

조중훈 회장님께서는 평소 매우 소탈하셨으며, 무엇보다도 과장을 싫어하셨습니다. 있는 그대로, 없으면 없는 대로 지내셨습니다. 또한 매우 겸손하셨던 분에 대한 책이므로 과장이나 미화는 있어서는 안 된다는 생각으로 내용을 감수했습니다.

《조중훈처럼》은 이러한 감수를 거쳤습니다. 청소년들에게 좋은 책을 지어주신 저자 고수정 씨에게 감사드립니다. 그리고 청소년 독자 여러분께 자신 있게《조중훈처럼》을 권해드립니다. 조중훈 회장님은 책을 읽다가 폐결핵에 걸렸을 만큼 책 읽기를 좋아하셨습니다. 책을 통해 조중훈 회장님이 어떤 분이었는지 알아보면 청소년 여러분에게 큰 도움이 되리라 믿습니다.

2013년 10월

감수자 유재천

전 서강대학교 사회과학대학장
전 KBS 이사장
전 상지대학교 총장

뜻이 있는 곳에 길이 열린다

'모든 길은 로마로 통한다.'

여러분 중에 이 말을 들어본 친구들이 많을 것이다. 로마 제국이 세계를 좌우할 때 세상 어떤 길이든 로마로 통했다. 로마라는 곳이 중심이 되어 모든 역사와 문명, 산업이 움직인 것이다. 이처럼 예부터 모든 '길'이 모이는 곳이 곧 중심지가 되었고, 길이 발달한 곳에 산업이 발전했다.

대한민국이 전쟁을 겪고 가난과 배고픔의 어려운 상황을 견디면서 세계가 놀랄 만큼 산업 성장을 이루게 된 데에는 '길'의 역할이 상당히 컸다. 그리고 대한민국이 전쟁의 아픔을 딛고 빠른 시일 내에 산업 강국, 물자와 사람을 옮기는 '물류 수송 강국'이 되기까지 중요한 역할을 했던 사람이 한진그룹의 조중훈 회장이다.

트럭 한 대로 운송 회사를 차리며 수송 분야와 인연을 맺게 된 청년 조중훈은 한평생 '수송 외길'을 걸었다. 수송의 신호탄을 쏘아 올린 후 그는 땅의 길을 개척했고, 전 세계 하늘에 태극 날개를 펼치며 하늘길을 열었다. 또한 어린 시절부터 꿈꾸었던 바닷길까지 여는 데 성공하며 누구도 가지 않았던 새로운 길을 걸었다.

이로써 한진그룹은 땅길, 하늘길, 바닷길을 여는 데 성공했다. '수송계의 거목(굵고 큰 나무, 큰 인물을 비유적으로 이르는 말)'이 된 조중훈 회장은 대한민국 수송의 역사를 수십 년 앞당긴 선구자가 되었다.

그는 한평생 수송 외길을 걸으며 수송보국(輸送報國)을 실천했다. 그에게는 수송보국, 즉 수송 산업을 통해 나라에 보탬이 되겠다는 신념이 있었기에 그가 걸어간 길은 개인의 사사로운 이익보다 공익(사회 전체의 이익)을 위한 것이었다. 비록 손해를 보더라도 공익에 보탬이 되는 일이라면 주저 없이 뛰어들었다.

또한 여러 나라의 각계 인사들과 교류를 맺었던 그는 우리나라의 경제적 성장의 발판이 되어준 88올림픽을 서울에서 유치할 수 있게 힘쓴 숨은 공신(나라를 위해 특별한 공을 세운 사람)이기도 했다. 그리고 우리나라와 수교(나라와 나라 사이에 정치적, 경제적, 문화적 관계를 맺음)를 맺지 않은 나라인 중국, 몽골 등을 찾아 정식 수교를 맺을 수 있도록 도우며 민간 외교관으로서 많은 활약을 했다.

정석 조중훈 회장, 그는 평생 자신이 걸어가야 할 길이라 여긴 수송 분야 외에는 거의 손을 대지 않을 정도로 곧은 삶을 살았다. 그리고 길을 열어가는 일에는 생각의 틀에 얽매이지 않는 창의적인 경영으로 경영의 본(本, 본보기)을 보였다. 많이 가졌다고 뽐내는 일 없이 누구보다 검소했으나, 학구열을 가진 이들에게는 아낌없이 투자하기도 했다.

평생 손에서 책을 놓지 않고 언제나 공부하는 자세로 한진그룹을 이끌었던 조중훈 회장, 그의 손을 통해 우리나라는 땅과 하늘과 바다의 길이 열렸고 지금도 그 길은 전 세계로 뻗어나가고 있다.

사람은 떠났지만 길은 영원히 남는다. 한평생 수송보국 정신으로 대한민국의 길을 열어갔던 그는 '뜻이 있는 곳에 길이 열린다'는 말을 삶으로 보여주었다.

현재의 삶에 안주하는 것이 아니라 남보다 한 발 앞서 미래를 개척하며 수송 선진국을 일궈낸 조중훈 회장, 이제 그의 이야기를 따라 여행을 시작해보자.

2013년 10월
저자 고수정

이 책의
주요 내용

감수의 글 04
프롤로그 뜻이 있는 곳에 길이 열린다 07

1. 조중훈의 대한민국 로드맵 13

로드맵 1. 길을 찾아라
길 위에 선 청년 15
세상의 길을 찾아라 30
▲ 조중훈의 성공법칙 1 : 매의 눈을 가져라! 47

로드맵 2. 길을 개척하라
길을 향한 꿈의 지도 49
해외 상공을 나는 태극 날개 62
▲ 조중훈의 성공법칙 2 : 사업은 타이밍이다! 79

로드맵 3. 길을 닦아라
땅길, 하늘길, 바닷길이 하나로 81
물류의 새 역사를 쓰다 95
▲ 조중훈의 성공법칙 3 : 처음엔 지더라도 나중에 이기면 된다! 107

2. 성공하는 CEO의 비상 원리   109

원리 1. 선택과 집중의 철학
최선을 선택하라   **111**
수송업에 대한 집념   **126**
▲ 조중훈의 성공법칙 4 : 수송 외길, 한 가지에 집중하라!   **139**

원리 2. 수송보국, 나라가 먼저다
나라의 길을 함께 열다   **141**
한국인의 가슴에 품은 세계   **150**
▲ 조중훈의 성공법칙 5 : 수송보국, 기업보다 나라가 먼저다!   **163**

원리 3. 경영에 날개를 달아라
창의 경영   **165**
인재 경영의 날개를 달고   **173**
아름다운 퇴진   **184**
▲ 조중훈의 성공법칙 6 : 사업은 예술이다!   **191**

3. 조중훈 할아버지, 질문 있습니다!   193

에필로그   다시 날개를 펴고   **210**
부   록   정석 조중훈 회장 연보   **212**
참고문헌   **220**

1. 조중훈의 대한민국 로드맵

  길은 원래부터 있었던 것이 아니다. 누군가 먼저 걸어가고 그 뒤를 이어 걸어가는 이들이 생겨남으로써 그것이 곧 길이 된다. 조중훈은 남이 닦아 놓은 길을 따라가는 것이 아니라, 자신의 길을 찾아 개척하고 닦아간 사람이었다. 대한민국이 전쟁의 아픔을 딛고 산업강국의 길로 나아갈 즈음 조중훈 역시 대한민국과 함께 발전하는 길을 꿈꿨다.

  땅과 하늘과 바다의 길을 하나로 아우르며 대한민국 수송업의 역사를 이뤄간 조중훈! 푸른 꿈을 안고 묵묵히 뜻을 이뤄간 그의 인생 로드맵(Road map, 앞으로의 계획이나 전략 등을 담은 계획서, 구상도)을 따라가보자.

길을 찾아라

조중훈은 씁쓸한 마음을 안고 트럭에 올라 가족과 함께 피난을 떠났다.
고단한 피난길에 오르며 그는 다짐했다.
'아직 내 길은 끝나지 않았어. 이것 봐라.
길은 이렇게 연결되어 있지 않은가?
지금 내려갔던 길로 언젠가 다시 올라올 것이다.'

로드맵 1

길 위에 선 청년

트럭 한 대

"와, 드디어 해방이다. 우리나라가 지긋지긋한 일제로부터 벗어났다. 대한민국 만세!"

거리에는 저마다 태극기를 든 사람들로 가득했다. 해방을 기뻐하는 태극기의 물결이 거리에 넘실거렸다.

그 광경을 바라보던 한 젊은 청년이 있었다. 그는 인천의 어느 거리에 서서 주먹을 쥐었다. 키는 작지만 단단한 체구를 지닌 스물다섯의 청년 조중훈이었다. 그의 곁에는 트럭 한 대가 있었다.

'그래, 이제부터 시작이야! 지금 내가 가진 것은 이 트럭 한 대뿐이지만, 이 트럭이 지나가는 곳에 길이 열릴 것이다.'

청년 조중훈은 우리나라가 해방되던 1945년 11월 1일, 인천시 해안동에 '한진상사'라는 간판을 내걸고 운송 회사를 차렸다.

비록 가지고 있는 전 재산은 트럭 한 대뿐이었지만, 그에게는 자신이 택한 길에 대한 확신이 있었다. 앞으로 운송업(일정한 돈을 받고 사람이나 물건을 실어 나르는 사업)의 미래가 밝을 것이라 생각했기 때문이다.

인천항에는 수많은 물품을 실은 화물선(화물을 실어 나르는 배)이 드나들었다. 조중훈은 그 모습을 유심히 지켜보다 어떤 한 가지 생각이 떠올랐다.

'저 많은 물건이 사람들에게 전해지려면 저것을 옮길 사람도 분명히 필요할 것이다.'

해방 이후 전국적으로 수송 수단이 무척 부족했다. 남한과 북한, 전국을 다 합해 자동차가 8,000대도 못 될 정도였다. 그러니 트럭 한 대뿐이었지만 당시로서는 사업을 하기에 아주 나쁜 조건은 아니었다.

"사장님, 한진상사입니다. 화물을 옮기실 일 있으시면 저희한테 맡겨주십시오."

"거참, 젊은 사람이 열심히 하는구먼!"

사업을 시작하자마자 일감은 넘쳐났다. 항구를 통해 들어오는 화물의 양이 나날이 늘어나 한진상사의 일거리도 늘어난 것이다.

조중훈은 서울과 인천을 오가며 화물을 운송하다 일감이 안정적으로 들어오기 시작하면서부터는 지역을 점점 넓혀 전국 각 지방을 오갔다.

트럭을 타고 지방을 오가는 일은 그리 만만한 일이 아니었다. 해방이 된 지 얼마 되지 않아 나라 곳곳의 도로 상태는 엉망이었다. 매끈하게 포장이 된 곳보다 비포장도로가 더 많아 트럭을 타고 울퉁불퉁한 길을 다니다 보면 엉덩이가 들썩거려 남아나질 않았다.

덜컹거리는 트럭에 몸을 싣고 가면서 조중훈은 생각했다.

로드맵 1

'내가 가는 곳이 곧 길이 되는구나. 앞으로 이 길을 통해 정말 많은 것들이 움직일 것이다.'

그는 이렇게 운송업을 하다 보면 언젠가 성공할 것이라는 확신을 가졌다. 그러던 어느 날, 그에게 또 한 가지 좋은 생각이 떠올랐다.

'가만있자, 남의 화물만 단순히 실어주는 것도 좋지만… 유통업을 함께해 보면 어떨까?'

물건을 생산하는 곳에서 직접 가져와 소비자에게까지 전달하는 유통업을 구상한 것이었다. 이후 조중훈은 운송업과 함께 카바이트 사업을 시작했다.

화학 물질인 카바이트는 여러 가지를 만드는 데 다양하게 이용되었기에 많은 곳에서 필요로 했다. 조중훈은 카바이트를 만드는 강원도 삼척에 위치한 공장에서 물건을 사서 되파는 일을 시작했다.

이후 한진상사는 점점 자금(사업을 경영하는 데 쓰는 돈)이 여유 있어지면서 성장하기 시작했다. 처음에는 한 대에 불과했던 트럭이 두 대, 세 대로 늘어났고 사업을 시작한 지 2년 만에 열 다섯 대로 늘어났다.

그리고 어느 정도 회사의 규모를 키운 한진상사는 경기도 지역에서 화물차를 이용해 운송 사업을 하여도 좋다는 면허를 정식으로 딸 수 있었다.

가장 값진 재산

한편 사회 상황은 어수선했다. 해방이 돼 일제로부터 벗어나기는 했지만, 남북이 각기 다른 생각과 이념으로 맞서고 있어 한 치 앞을 내다보기 힘들었다.

그러다 보니 어수선한 상황을 틈타 사업하는 이들도 돈을 떼먹거나 값을 제대로 치루지 않는 일들이 자주 일어났다.

그러한 와중에 조중훈은 사업을 하면서 가장 중요한 것이 '신용'이라고 생각했다. 특히 어지러운 상황일수록 사업가는 앞날을 대비해 더더욱 신용을 쌓는 것이 중요하다고 여겼다.

"여러분, 신용이 제일 중요합니다. 모두 약속을 잘 지켜주세요."

조중훈은 직원들에게 언제나 신용의 중요성을 강조했다. 그는 한 번 고객이 된 사람들에게 끝까지 믿음을 주기 위해 최선을 다했다.

그러던 중, 사건이 하나 일어났다.

"어이, 김 군! 상환(빌린 돈을 갚거나 물건을 돌려줌)할 돈은 제대로 전달했나?"

"네? 아… 사장님, 제가 깜빡했습니다. 어제 갚았어야 했는데…."

"뭐? 당장 가서 주고 오게!"

조중훈은 자신의 일을 게을리한 직원을 큰 소리로 나무랐다. 비록 하루라는 시간이 지났지만 엄연히 약속을 어긴 것이었다. 회사에서 신용이 가장 중요한 재산이라고 생각한 조중훈은 작은 실수도 치명적이라고 여겼다. 그는 그길로 채권자(빌린 돈을 받아낼 권리를 가진 사람)에게 전화를 걸어 정중히 사

로드맵 1

과를 했다.

일을 어느 정도 수습한 조중훈은 어려운 결정을 내린 뒤 직원을 불렀다.

"김 군… 회사를 그만두면 좋겠네. 미안하게 됐어."

눈감고 넘어갈 실수일 수도 있었지만 조중훈의 생각은 달랐다. 조중훈은 직원에게 퇴직금(회사를 나가는 사람에게 주는 돈)을 두둑하게 챙겨주고 그를 떠나보냈다. 짧은 시간이나마 함께한 동료였기에 회사를 그만두게 하는 건 그에게도 가슴 아픈 일이었다. 그러나 다른 직원들에게 본보기를 보여야 했다. 다른 어떤 것보다 신용이 가장 중요하다는 것을 모두가 알기 바랐던 것이다.

신용을 밑천으로 한 한진상사는 나날이 발전해갔다. 회사를 운영하면서 조중훈이 또 한 가지 중요하게 생각한 것이 있었다. 바로 회사의 차량을 관리하는 일이었다.

"운송업은 장비를 정비(기계나 설비가 제대로 작동할 수 있게 손질함)해두는 것이 기본입니다. 그래야 고객이 필요로 하는 시간에 제대로 운송할 수 있기 때문입니다. 우리 한진상사는 평소에 장비를 철저히 점검해 모든 준비를 완벽하게 해두어야 합니다."

조중훈의 말대로 직원들은 차량을 점검하는 일을 게을리하지 않았다. 덕분에 급하게 물건을 실어 날라야 하는 때에도 차량이 고장나거나 말썽이 나는 일이 생기지 않았다.

이렇게 한진상사는 굳건한 신용과 철저한 차량 관리로 사업을 키워, 5년 만에 직원 마흔 명과 트럭 서른 대를 가진 탄탄한 운송 회사로 성장했다.

다시 처음으로

"콰콰쾅!"

전국이 총과 대포 소리로 들썩였다. 북한과 지리적으로 가까운 인천은 전쟁으로 인한 피해가 심각했다. 1950년에 일어난 6·25전쟁은 국민 모두를 두려움 속으로 몰아넣었다.

"사장님, 어서 피난길에 오르십시오."

"전쟁이 어느 정도나 심각한 거야?"

"말도 마십시오. 인천 앞바다는 북한군이 금세 넘어올 수 있는 곳이 아닙니까? 지금 이것저것 따질 틈이 없어요! 이제 서울도 안전하지 않답니다."

한진상사를 시작한 지 5년 만에 벌어진 전쟁이었다. 상황은 급박하게 돌아갔다. 아무런 대책도 없이 전쟁을 치르게 된 우리나라로서는 우왕좌왕할 수밖에 없었다.

"사장님, 큰일 났습니다. 지금 정부에서 우리 회사 차를…."

"뭐?"

사무실에 나가 보니 정부 기관의 사람들이 와 있었다. 그들은 한진상사에 트럭이 30여 대가 있다는 사실을 알고 찾아온 것이었다. 그들은 다짜고짜 전쟁에 차가 필요하니 징발(특별한 경우 국가에서 특정한 사람이나 물자를 모아 거둠)해간다는 통보를 했다. 당시 나라에 위급한 상황이 벌어지면 정부에서는 개인의 재산을 거두어들일 수 있었다. 전쟁에서 가장 중요하다고 할 수 있는 차량은 첫 번째 징발 대상이었다.

로드맵 1

눈앞에서 차량과 장비들이 뿔뿔이 흩어지는 모습을 본 조중훈은 다리에 힘이 풀렸다. 전쟁이 끝나면 돌려준다고는 했지만 전쟁의 상황으로 볼 때 거의 불가능한 일이었다. 땀 흘려 일궈놓은 5년의 성과가 한순간에 무너지는 듯했다.

'아… 이제 어쩐담. 일단 피난은 가야 할 텐데….'

한동안 생각에 잠겨 있던 조중훈은 불현듯 자리를 박차고 일어났다. 그러고는 재빨리 은행으로 향했다. 다행히 아직까지 은행의 업무가 이뤄지고 있었다.

"통장에 있는 돈을 모두 찾겠습니다."

조중훈은 예금되어 있던 돈을 전부 찾아왔다. 그리고 직원들을 불러 모았다. 회사에는 대부분의 차량과 장비들이 징발되어 몇 가지 물품들만이 남은 상태였다.

"여러분, 지금 여기 남아 있는 것과 제가 들고 있는 돈이 우리 한진상사의 전 재산입니다. 회사 일은 다음을 기약하고, 우선 남아 있는 것을 함께 나누도록 하겠습니다."

어차피 회사에 물건이 남아 있다 하더라도, 북한의 공산군이 밀려들어오면 온전하게 남아 있을 리 만무했다. 조중훈은 그럴 바에야 차라리 함께 고생한 직원들과 나누는 편이 더 낫겠다는 판단이 들었다. 그는 직원들에게 회사의 모든 재산을 나누어주었다.

"지금은 이렇게 헤어지지만 훗날 건강한 모습으로 다시 봅시다!"

'쾅쾅' 터지는 전쟁의 폭발음 속에서 조중훈은 한진상사의 문을 걸어 잠갔다. 직원들이 모두 떠나고 난 뒤, 그에게 남은 것은 트럭 한 대뿐이었다. 처음에 사업을 시작했을 때와 마찬가지였다.

"우리도 어서 피난을 갑시다."

조중훈은 씁쓸한 마음을 안고 트럭에 올라 가족과 함께 피난을 떠났다. 고단한 피난길에 오르며 그는 다짐했다.

'아직 내 길은 끝나지 않았어. 이것 봐라. 길은 이렇게 연결되어 있지 않은가? 지금 내려갔던 길로 언젠가 다시 올라올 것이다.'

전쟁의 폐허 속에서 찾은 길

조중훈은 전쟁이 거의 끝날 즈음인 1953년 봄, 다시 인천에 돌아왔다. 부산에서 생활하며 가지고 있던 트럭 한 대도 처분한 뒤였기에 그야말로 빈손으로 찾은 것이었다.

인천의 시가지는 전쟁의 풍파로 참혹한 모습이었다. 조중훈은 회사가 어떻게 됐는지 무척 궁금했다. 그는 인천에 들어서자마자 한진상사로 향했다. 그런데 이게 웬일인가. 그가 생각했던 것보다 전쟁의 피해는 심각했고, 사무실은 엉망이 되어 있었다.

그렇지만 전쟁이 끝났다는 소식에 사람들은 살길을 찾아 다시 거리로 나오고 있었다. 하나둘 거리로 나와 거리를 덮고 있던 잿더미를 치우기 시작

로드맵 1

했고, 어느덧 길이 보이기 시작했다.

조중훈은 길 한가운데에 서서 '이대로 끝낼 것인지, 아니면 다시 시작할 것인지'를 곰곰이 생각했다. 그는 주먹을 불끈 쥐었다.

'어차피 길이라는 것은 찾는 사람에게 열린다. 다시 시작해보자.'

그에게는 찌그러진 간판과 폐허가 된 사무실, 갚아야 할 빚이 남아 있었다. 하지만 그렇게 절망적인 것만이 전부는 아니었다. 그에게는 지난 5년간 사업을 하면서 무엇보다 소중히 쌓아온 신용이라는 큰 재산이 있었다.

"안녕하십니까. 저 한진상사의 조중훈입니다."

"조 사장, 무사했구먼. 다행이야."

"네, 제가 다시 일을 시작하려 합니다. 그런데… 전쟁으로 모두 다 잃는 바람에 남은 게 없습니다. 저 좀 도와주실 수 있으십니까?"

"그래? 암, 그래야지. 인천 바닥에서 조 사장 신용만큼은 알아줬지 않나."

그동안 회사를 운영하며 쌓아둔 신용 덕분에 그는 여기저기에서 담보(돈을 빌릴 때 대신 잡히는 물건) 없이 돈을 빌릴 수 있었다. 그렇게 빌린 돈으로 조중훈은 차량을 사들여 다시 일을 시작했다. 폐허가 됐던 시가지도 점점 정리되어 길을 따라 차량이 다니기 시작했고, 다시 물자들이 바쁘게 이동되었다.

전쟁이라는 피할 수 없는 재난으로 인해 다시 빈손으로 시작해야 하는 위기에 부딪혔지만 조중훈은 좌절하지 않았다. 그는 특유의 성실과 신용, 사업 감각으로 한진상사를 다시 일으켰다.

위기가 길이 된다

"젊은 사람이 너무 간이 커."

자신을 향해 이런 이야기가 들려올 때 조중훈은 아예 귀를 막았다. 자신이 생각한 일이 분명히 사업으로서 가치가 있다고 여겼기 때문이다.

전쟁 이후 한진상사가 조금씩 재기하고 있을 즈음, 그의 눈을 사로잡은 것이 있었다. 바로 인천항에 드나드는 미군의 군수품(군대를 유지하고 전쟁을 하는 데 필요한 물품)이었다. 당시 인천항에는 미군들에게 보급될 물자들이 엄청나게 들어오고 있었다.

그 물자들이 들어오고 나가는 모습을 보면서 그는 무릎을 쳤다.

'그래, 바로 저거야. 군수품의 수송을 맡는다면?'

꿈은 컸지만 주변에서는 코웃음을 쳤다. 고작 트럭 몇 대 보유한 한국의 운송 회사가 그 일을 맡겠다니 가당치 않다며 비웃는 것이다.

전쟁 이후 한국은 사업하기에 환경이 매우 열악했고 한국 회사들에 대한 신뢰도 없었다. 당시 군 물자가 수송되는 과정에서는 도난 사건이 자주 일어났다. 달리는 차 위에 올라타서 물건을 훔쳐 가는 일들도 벌어졌다.

하지만 그러한 상황에서도 조중훈은 포기하지 않았다. 일단 인천에 있던 미8군 부대를 찾았다.

"우리 한진상사가 미군 군수품 수송을 맡고 싶습니다."

"안 됩니다! 불가능합니다."

"일단 기회라도 한번 주십시오. 그런 다음에 저희가 믿을 만한 회사인지 확인해보면 되지 않겠습니까?"

끈질긴 설득 끝에 조중훈은 미군 부대에 보급(물건이나 돈을 마련해줌)될 캔 맥주를 대신 수송할 기회를 만들었다. 부두에서 물건을 받아 지정된 부대까지 옮기는 일이었다.

한진상사는 아무런 사고 없이 무사히 일을 마쳤다. 일을 성공시키자 조중훈은 자신감을 얻었다. 지금까지 그래왔던 것처럼 미군으로부터 신뢰를 얻으면 계속 일을 맡을 수 있을 것이라는 생각이 들었다.

조중훈은 종종 미군 부대에 드나들며 교류를 쌓기 시작했다. 미군 부대의 사람들은 못 미더워하는 눈빛으로 조중훈을 바라보았다. 하지만 조중훈은 주눅 들지 않았다. 오히려 더 당당하려고 노력했다.

미국인들이 상대방과의 동등한 관계를 중요하게 여기고, 굽실거리는 태도보다 당당한 태도를 좋아한다는 것을 조중훈은 알고 있었다.

그래서 그는 미군 부대에 들어갈 때는 새로 구매한 고급 승용차를 타고 갔고, 지위가 높은 장교들을 식사에 초대할 때는 고급 요리를 풀코스로 성심성의껏 대접했다.

"오, 미스터 조! 당신은 어떻게 이런 대접을 합니까?"

"저의 성의를 표시한 것뿐입니다. 마음껏 즐겨주십시오."

조중훈은 친분을 쌓는 자리에서는 가능한 사업 이야기는 하지 않았다. 그러나 부대에 찾아가 사업을 의논할 때는 치열하게 그들을 설득했다.

"한국의 수송 업체에 군수품 수송을 맡겨야 합니다. 그래야 미군도 훨씬 편리하고 효율적으로 일을 할 수 있습니다. 우리 한진상사는 국내 수송 업체 중에 유일하게 자체적으로 정비 공장도 운영하고 있어서 차량에 문제가 있으면 바로 해결할 수 있다는 장점도 있습니다."

조중훈은 수시로 미군 부대를 찾아가 그들을 설득했다. 그리고 얼마 뒤, 마침내 조중훈은 미군으로부터 수송 계약을 따낼 수 있었다. 한진상사가 세워지고 나서 처음으로 따낸 큰 계약이었다. 조중훈은 파격적인 조건을 제시했다.

"한진상사는 미 군수품을 책임제 수송으로 맡아서 하겠습니다. 수송 도중에 발생하는 모든 사고에 대해서는 어떤 이유에서든 한진상사가 변상(남에게 끼친 손해를 물어줌)을 하겠습니다."

계약 금액은 7만 달러였다. 당시 우리나라의 1인당 소득이 100달러가 되지 않았을 때였으니 무려 700배가 넘는 엄청난 금액이었다. 남들이 모두 안 된다고 할 때 그는 과감히 불가능에 도전하여 길을 찾은 것이다.

"우리의 기본은, 첫째도 신용, 둘째도 신용입니다. 신용을 바탕으로 목적지까지 안전하게 물건을 수송한다는 고객과의 약속을 지킵시다!"

이날 이후 한진상사는 더욱 발전하기 시작했다. 가지고 있는 회사의 차량으로 물량을 소화하기 힘들 정도로 일거리가 많아졌다.

하지만 조중훈은 새 차를 사지는 않았다. 일부러 다른 회사의 차량을 빌려 썼는데, 이는 다른 운송 회사들을 배려하는 마음에서였다. 비슷한 업체끼리 경쟁하는 것보다 함께 잘살 수 있는 방법을 선택한 것이다.

그러던 어느 날이었다.

"사장님, 사건이 터졌습니다. 우리가 운송한 물건이 사라졌습니다."

로드맵 1

"뭐? 아니 누가? 아니 어떤 물건이지?"

"우리 회사 일을 하고 있는 어떤 운전기사가… 미군에게 보낼 파카를 남대문 시장으로 팔아 넘겼다고 합니다."

"뭐라고?"

"차에 물건을 싣고 그대로 시장에 넘긴 것 같습니다."

큰일이었다. 그 일을 벌인 사람은 다른 회사의 차량을 빌리면서 고용한 사람이었다. 개인의 욕심으로 미 군수품을 빼돌린 것이다. 조중훈은 매우 난감했다. 이 상황에 섣불리 대처했다가는 미군과 남대문 시장 상인들에게 원성을 살 게 뻔했다.

돈으로 보상을 해주어 어떻게든 일을 덮을 수도 있었지만 조중훈은 그러고 싶지 않았다. 그러다가 잘못하면 그동안 쌓아놓은 신용이 한순간에 무너질 수도 있었다.

한참을 생각하던 조중훈은 직원 한 명을 불렀다.

"자네, 지금 남대문 시장으로 가보게. 이미 지금쯤 물건이 풀렸을 거야."

"아니 왜 그러십니까? 물건을 다시 사시게요?"

"그래. 물건을 넘긴 지 사흘이 지났으니 지금쯤 시장에 풀렸을 거네. 아직 겨울이 오기 전이니까 물건도 팔리지 않았을 테고…. 일단 우리 물건이 보이는 즉시 다시 사들이도록 해."

"1,300벌도 넘는 옷을 다 사오라고요? 사장님, 그 옷을 다 살 수 있을지도 모르고… 그 가격대로 주지도 않을 텐데요."

"돈을 더 보태서 사오면 되지 않겠나! 무조건 모두 다 사와야 하네."

"아니 사장님, 차라리 원래 가격대로 보상하는 게 더 낫지 않겠습니까?"

"그걸 내가 왜 모르겠어. 미군들이 자기네 물건이 다른 데 넘겨졌다고 하면 앞으로 우릴 믿고 일을 맡기겠나? 돈이 문제가 아니야. 우리 신용이 달린 문제네!"

조중훈의 말에 따라 직원들은 남대문 시장에 머무르며 미군 파카 1,300벌을 모두 사들였다. 그렇게 회수한 옷을 한진상사는 고스란히 미군 부대로 운송할 수 있었다.

그러자 미국 측에서 놀라워했다. 그들도 물품이 없어졌다는 사실을 알고 있었다. 그런데도 멀쩡히 물건을 다시 찾아왔으니, 그 노력에 감탄한 것이다.

이 일로 인해 한진상사는 더 큰 신용을 얻었다. 물론 금전적으로 많은 손해를 보긴 했지만 잠깐의 손해가 결국엔 나중에 이익이 되었다.

"미스터 조! 이번 계약 금액은 10만 달러로 합시다."

미군의 전폭적인 신뢰를 얻은 한진상사는 명실공히 미군 부대의 사업 동료로 거듭났다. 육상 수송 업계의 기반을 다지는 동시에 자본금도 많이 마련할 수 있었다. 그리고 1957년 1월, 한진상사는 회사를 더 키우며 '한진상사주식회사'로 한 단계 올라섰다.

경제의 중심이 서울로 옮겨지는 때였기에 한진상사 역시 인천에서 서울로 회사를 옮겨 본격적으로 기업 활동을 시작했다.

그리고 한진상사는 미군과의 수송 계약으로 해마다 300퍼센트 이상 매출이 늘어났고, 이로써 주식회사를 시작한 지 3년 만인 1960년에는 한 해동안 외화로만 220만 달러를 벌어들였다. 또한 육상 수송을 담당할 차량의 수도 500대 이상으로 늘어나는 등 놀라운 성장을 이어갔다.

세상의 길을 찾아라

하늘길을 찾다

"소련이 우주 로켓을 발사했습니다."

뉴스에서 이런 소식이 들릴 때면 조중훈은 가슴이 뛰었다. 당시 세계 강국이던 미국과 소련은 우주로 로켓을 발사하고 달을 관찰하러 적극적으로 탐사 활동을 벌였는데, 하늘을 향한 그들의 노력이 그는 부러울 따름이었다.

'이제 땅의 길이 열렸으니, 다른 길도 열리지 않겠는가?'

조중훈은 새로운 길을 찾고 싶다는 생각에 빠졌다. 땅의 길을 통해 수송업의 가능성을 보았기에 그는 다른 수송 방법에 대한 관심이 일기 시작했다. 특히 우주를 향한 인류의 호기심이 커지기 시작할 즈음이었기에, 그는 하늘길에 대한 관심을 가지게 되었다.

'그래, 하늘에서 수송을 해보자.'

당시 한국의 항공 상황은 열악했다. '대한국민항공사'라는 항공 회사가 있기는 했지만 경영의 어려움을 겪고 있었다.

더군다나 미국이나 타이완과 같은 다른 나라 항공사가 우리나라에 비행기를 취항(비행기나 배가 항로에 오름)하고 있었기 때문에 눈뜨고 외화를 빼앗기고 있는 실정이었다.

"한진상사에서 항공 운송 사업 면허를 신청합니다."

조중훈은 항공 운송 사업을 시작하기 위해 우선 비행기를 들여왔다. 미국에서 만든 '세스나(Cessna)'라는 기종의 4인승 비행기였다. 조중훈은 이 비행기를 이용해 에어 택시 사업을 시작했다. 에어 택시란 하늘에서 운항하는 택시와 같은 것으로, 작은 비행기를 이용한 또 다른 교통 수단이었다.

에어 택시 사업은 시작하자마자 대단한 인기를 끌었다. 하늘에서는 교통 혼잡 같은 장애물이 거의 없었기 때문에 육로로 가는 것보다 이동하는 시간이 훨씬 단축되어 매우 획기적이었다.

"사장님, 에어 택시 반응이 아주 좋습니다."

자신감을 얻은 조중훈은 이후 '주식회사한국항공(Air Korea)'을 설립했다. 그리고 에어 택시뿐 아니라 일반 승객들도 실어 나를 수 있는 항공 사업에 도전했다.

"국내선(한 나라 안에서만 운항하는 노선)을 시작해야겠어. 우선 서울에서 부산까지 가는 노선을 시작해보자고. 그러려면 적합한 비행기를 먼저 들여와야 할 텐데…."

조중훈은 빠르게 결단을 내렸다. 그리고 40인승 비행기인 '콘베어(Convair)-240' 기종을 한 대 더 추가하여 들여왔다. 이제 국내선 운항의 조건이 모두 갖춰진 셈이었다.

한국항공은 이후 국내에서 대한국민항공사와 경쟁을 하게 되었다.

"대한국민항공사 비행기보다 한국항공 비행기가 더 편안합니다."

"맞아요. 훨씬 더 빠른 것 같아요."

사람들은 새로 만들어진 한국항공에 대해 호기심을 가졌다. 대한국민항공사는 당시 군대용으로 만들어진 비행기를 개조하여 운행하고 있었다. 72인승 비행기로 한국항공의 비행기보다 컸지만 워낙 낡아 성능이 좋지 않았다.

그렇게 얼마간 두 항공사는 경쟁을 하며 국내선 운항을 계속했다. 그러나 1960년대 들어서면서 나라의 상황은 급박하게 돌아갔다. 항공사 간의 경쟁도 날이 갈수록 치열해졌다.

"사장님, 갈수록 승객이 줄어들고 있습니다."

"저쪽 상황은 어때?"

"저쪽도 마찬가집니다. 그런데 우리는 국내선만 운행하고 있으니 저쪽보다 더 불리합니다."

"흠… 쉽지 않군."

기세 좋게 출발한 한국항공은 여러 가지 상황과 맞물려 어려운 시기를 맞았다. 40인승 콘베어 비행기에 대한 승객들의 호기심은 그리 오래가지 못했다. 또한 1960년대에는 비행기를 이용하는 승객 자체가 그리 많지 않은 데다, 두 업체 간 경쟁이 지나치게 뜨거워지다 보니 모두 손해 보는 상황이었다.

조중훈은 한참을 고민했다.

'항공 사업을 너무 빨리 시작한 건가? 어쨌든 지금 상황에서 계속 사업을

끌어가는 건 무리가 있다.'

분명히 얼마 못 가 항공 사업의 시대가 올 터였다. 하지만 시기가 너무 빨랐다. 주변의 상황도 좋지 않았다. 대한국민항공사 측은 군사정권이 들어서고 나서 혁명 정부로부터 전폭적인 지원을 받고 있었다. 이런 상황에서 무리하게 사업을 이어갈 필요는 없었다. 때론 물러설 줄도 알아야 했다.

"여러분, 오늘부로 한국항공은 문을 닫습니다."

한국항공은 시작한 지 2년 만에 문을 닫았다. 직원들을 비롯한 조중훈 역시 안타까운 마음이 컸지만 경영자로서 안 된다는 판단이 섰을 때는 회사를 위해 빨리 결단을 내려야 했다.

그러나 조중훈의 마음속엔 하늘길에 대한 꿈이 이미 싹을 틔우고 있었다. 한진상사가 한국항공의 문을 닫았을 때 많은 이들은 한진상사가 다시는 항공 사업을 하지 않을 거라 예상했다. 하지만 그건 오산이었다.

'수송 활동은 지구상에 인류가 등장하면서 어떤 형태로든 존재했고, 날이 갈수록 수송 수단은 눈부신 발전을 거듭했다. 동서고금을 뛰어넘어 수송은 인체의 혈관과 같은 역할을 했다. 공간을 넘어 끊임없이 움직이고자 하는 인류의 바람은 변하지 않으니, 그 시간을 단축하는 것이 우리의 숙제다.'

조중훈은 이런 생각을 하고 있었기에 신속하게 움직일 수 있는 하늘길을 늘 생각에 두었다.

그리고 그는 '두 발 전진'을 위한 '한 발 후퇴'를 결심하고, 일단 육로를 통한 수송업에 집중했다.

베트남에서 찾은 길

좋지 않은 일은 겹쳐 온다고 했던가. 한진상사가 거의 독점하다시피 한 군수품 수송에 경쟁 업체가 나타났다. 기업을 운영하다 보면 경쟁은 당연하지만, 뒤늦게 나타난 경쟁 업체는 잘못된 방법으로 시장을 어지럽혔다.

"우리는 가격을 확 낮추겠습니다."

한마디로 제 살 깎아먹기 경쟁을 하겠다고 나선 것이다. 결국 그 업체가 미군의 물자를 수송하는 일을 가져가면서 한진상사에 한차례 위기가 찾아왔다. 미군 측에서는 한진상사의 손을 들어주고 싶어도 워낙 가격 차이가 많이 나니 어쩔 수 없었다.

"조 사장님, 미안하게 됐습니다. 하지만 저희도 어쩔 수 없습니다. 워낙 그 업체가 가격을 낮추니 우리로선 그쪽을 선택할 수밖에 없어요. 대신 수송에 문제가 생기면 제일 먼저 한진상사에 도움을 요청하겠습니다."

일이 이렇게 되자 직원들이 더 안달이었다.

"사장님, 우리도 가격을 낮춰서 계약을 따내자고요."

"그건 안 돼. 우리가 그렇게 하면 결국 함께 망하는 길이야. 한번 지켜봅시다."

그의 생각대로 가격을 낮춘 경쟁 업체는 얼마 가지 못해 주저앉고 말았다. 언제까지고 손해를 보며 사업할 수 없었기 때문이다. 결국 다시 한진상사가 일을 맡게 되었다. 하지만 조중훈은 만족할 수 없었다. 뭔가 더 한 단

로드맵 1

계 올라갈 수 있는 새로운 길을 찾고 싶었다.

그러던 중, 조중훈은 베트남전쟁에서 답을 찾을 수 있었다. 1957년 베트남에서 전쟁이 일어났다.

한번 시작된 전쟁은 끝이 보이지 않았다. 베트남인들만으로 전쟁을 수습할 수 없다는 판단에 따라 미국이 베트남전쟁에 참여했고 1964년 우리나라도 베트남에 군인을 보내기로 결정했다.

베트남전쟁에 미국이 참전하게 되면서 베트남에 막대한 돈과 물자가 투입되었다. 조중훈은 바로 그 점을 주목했다.

'그래, 베트남에서 새로운 길을 찾을 수 있을 것이다.'

그는 먼저 미국으로 향했다. 베트남이 아닌 미국으로 간 것은 먼저 미국 국방성(국방에 관한 일을 맡아보는 미국의 행정 부서)의 분위기를 파악해 사업 가능성을 살펴보기 위해서였다.

"헤이, 미스터 조! 반가워요."

미국 국방의 상징인 펜타곤을 찾았을 때 의외로 그를 알아보는 미군들이 많았다. 그도 그럴 것이 미군 물자를 수송하는 일을 하면서 그 일을 담당하는 수송 장교들과 자주 만나 친분을 쌓았기 때문이었다.

미군 장교가 한국에서 파견 근무하는 기간은 1년 정도였기에 한진상사가 10년간 수송을 맡는 동안 열 번 정도 장교들이 교체된 셈이었다. 그렇게 알게 된 장교들의 숫자가 적지 않았다. 게다가 그들은 그동안 조중훈이 보여준 성실하고 근면한 모습에 그를 인상깊게 기억하고 있었다.

"이번에 저희가 베트남으로 가서 수송을 맡아보려고 하는데 어떻게 생각하십니까?"

"좋은 생각입니다! 지금 미국이 베트남전쟁에 엄청난 돈과 장비를 쏟아붓고 있어요. 그런데 그것을 제대로 수송하는 일이 어려워요. 워낙 베트남의 상황이 혼란스러워서 아무에게나 일을 못 맡기고 있습니다. 한진에서 그 일을 한다면 서로에게 도움이 될 겁니다."

미군 장교들은 조중훈의 생각을 적극적으로 밀어주었다. 어느 정도 확신을 얻은 조중훈은 베트남으로 향했다.

20일간 베트남에 머무는 동안 조중훈은 여러 곳을 돌아다녔다. 당시 미국에서 파병된 미군이 18만 명이나 되어 그들에게 보급되는 물건의 양도 상당히 많았다. 그러나 그 물자들이 아직 제대로 보급되지 않아 항구에 쌓여 있었다. 조중훈은 그 모습을 보고 확신했다.

'그래. 한진이 그동안 국내에서 쌓은 경험과 실력이라면 이곳에서도 반드시 성공할 수 있다.'

조중훈은 바로 계약 체결에 뛰어들었다.

"우리 한진은 베트남 동부에 있는 퀴논항에서 수송을 맡아서 하겠습니다."

"아니, 베트남의 수도는 사이공(지금의 호찌민)인데 왜 퀴논항에서 합니까?"

"사이공은 도시는 크지만 전쟁의 위협이 너무 큽니다. 하지만 퀴논항은 우리나라 부대도 가까이 있으니 훨씬 안전하지 않겠습니까? 물론 퀴논항은 항구 시설이 빈약하지만 그건 우리 쪽에서 책임지고 알아서 하겠습니다."

협상이 이어졌다. 다행히 미군의 수송 책임자들은 한진상사를 신뢰했다. 그동안 미군과 쌓은 교류가 빛을 발한 것이다. 가뜩이나 물자가 쌓여 있는

데, 그것을 안전하게 수송해주겠다는 한진의 제안을 거절할 이유가 없었다.

"좋습니다. 이번 계약은 '초청받는 형식'으로 하겠습니다."

말인즉슨, 다른 업체와 경쟁하는 것이 아니라 미군 측에서 단독으로 한진을 지목하여 계약하는 방식으로 하겠다는 것이었다.

"그런데 한 가지 조건이 있습니다."

"그게 뭡니까?"

"서로를 위한 보증금이 필요합니다. 우리가 약속을 못 지키거나, 한진에서 약속을 못 지킬 경우 서로에게 보상하는 보증금입니다."

그들이 제시한 보증금은 3백만 달러, 지금의 30억 원이 넘는 큰돈이었다. 그리고 미군 측에서는 3개월 안에 수송에 필요한 모든 장비를 갖춰야 한다는 조건을 내걸었다.

"좋습니다. 해보겠습니다."

큰일이었다. 장비를 갖추려면 최소한 180만 달러 이상은 필요했다. 어마어마한 자금이 필요했지만 한번 해보기로 했다.

서울로 돌아온 조중훈은 그때부터 돈을 마련하기 위해 백방으로 뛰었다. 정부로부터 자금을 빌리는 것은 물론이고 은행과 아는 지인을 통해서도 돈을 빌렸다.

"조 사장이 하는 일이니까 내가 믿고 빌려주지!"

"담보 같은 게 뭐 필요합니까. 신용이 담보죠."

그동안 조중훈과 거래한 이들은 고맙게도 기꺼이 지갑을 열어 돈을 빌려주었다. 한진상사가 베트남전쟁에서 미군과 계약을 체결했다는 소문이 퍼

지면서부터는 자금 마련이 한층 더 수월해졌다. 그렇게 뛰어다닌 결과 한진상사는 계약에 필요한 조건을 모두 갖출 수 있었다.

　1966년, 베트남의 미군 사령부 사무실에는 사령관인 앵글러 중장과 조중훈이 마주 앉았다. 양측은 앞으로 1년간 한진이 미군 물자의 하역(짐을 싣고 내리는 일)과 수송을 담당한다는 계약서에 도장을 찍었다.

　"앞으로 잘 부탁합니다."

비로소 베트남 진출에 성공했다. 처음에 베트남에 진출하려고 할 때 모두들 고개를 저었다. 이미 한차례 미군의 장벽을 넘은 한진이었지만 전쟁 중에 군수물자를 수송하는 일을 맡게 될 거라 누구도 예상하지 못했다.

하지만 조중훈은 그 일을 집념 하나로 해냈다. 새로운 길을 찾겠다는 의지의 승리였다.

한진이 베트남에 진출한 첫해에 따낸 계약금은 790만 달러였다. 당시 국내 업체가 베트남에서 따낸 최고액이었다. 10년 전 미군과 7만 달러 계약을 맺을 때와 비교할 때, 100배가 넘을 정도로 엄청난 성장을 한 셈이었다.

그때부터 한진은 국내 기업 사상 최초로 국외에서의 수송을 시작했다.

역경 속에 이룬 성공

"콰쾅, 두두두!"

포탄 소리가 여기저기서 들리는 베트남의 도로를 한진의 트럭이 내달렸다. 베트남은 전쟁이 한창이었다. 우리나라가 남북이 나뉘어 전쟁을 벌였을 때처럼 베트남의 전쟁도 치열했다. 그 전쟁통에서 한진은 '수송 전쟁'을 치렀다.

"수송이 잘못되어서 나중에 배상(손해를 물어줌)을 한다고 하더라도, 그 배상금이 긴급 상황의 총알을 대신할 수 없습니다."

당시 베트남전쟁에서 수송 책임을 맡고 있던 미군의 한 장교가 한 말이다. 미군과 계약을 하고 난 뒤 수송 장교는 물건을 제대로 이동시키는 일이 얼만큼 중요한지 강조하고 또 강조했다. 그의 말이 옳았다. 제때 물건이 도착하지 않을 때 얻게 되는 피해는 배상금으로도 수습할 수 없을 만큼 어마어마했기 때문이다.

조중훈은 베트남에서 사업을 시작하면서 수시로 현장을 감독했다. 그만큼 사업이 중요한 이유도 있었지만 회사의 최고 책임자로서 함께 뛰며 본보기를 보이고 싶었기 때문이다.

"나의 안전은 가족의 안전입니다. 이 말을 꼭 새기면서 일하도록 합시다."

본격적으로 수송을 시작하면서 한진이 내건 것은 '신속, 정확, 안전'이었다. 수송에서 사고 없이 안전하게 운송하고, 신속하고 안전하게 물자가 도착하도록 하는 일은 무엇보다 중요한 일이었다.

베트남에서 처음 일을 시작하는 날이었다.

"자, 힘을 내서 일을 시작해봅시다. 이제 군수품이 들어올 텐데 그것을 내려서 인근 미군 부대까지 수송하면 됩니다. 모두 정신 바짝 차리고 일합시다."

조중훈은 항구에 있는 배에 올라탔다. 그는 선박에 올라 군수품을 내리는 일을 직접 지휘했고, 또 어느샌가 땅으로 내려가 트럭 점검에 나서며 열심히 뛰어다녔다.

"자자! 군수품 양이 많습니다. 하나도 빠짐없이 잘 실어야 합니다."

함께 일하는 직원은 열 명이었다. 그들은 구슬땀을 흘리며 1,500톤에 달하는 군수품을 단 한 번도 쉬지 않고 트럭에 옮겨 실었다. 일을 전부 마쳤을 때 정확히 32시간이 지나 있었다.

"와, 대단합니다. 이 정도 분량이면 일주일은 걸렸을 겁니다. 장비도 많이 부족했을 텐데… 이걸 32시간 만에 마치다니 정말 한국인들의 의지는 대단하네요!"

작업을 지켜보던 수송 장교들은 혀를 내둘렀다. 조중훈과 직원들은 고된 작업으로 온몸이 뻐근하게 아파왔지만 그래도 뿌듯했다. 조중훈은 한국인의 의지와 열정을 보여주고 싶었다. 그것을 아낌없이 보여줬다고 생각하니 어느 때보다 보람됐다. 한진상사는 그렇게 신뢰를 얻으며 성과를 쌓아갔다.

그리고 일을 수월하게 하기 위해 퀴논항의 항구 시설을 말끔히 정리했다. 당시 군수물자가 들어오는 퀴논항의 시설은 무척 열악했다. 배가 항구로 들어올 때마다 제대로 되지 않은 항구 시설 때문에 아슬아슬한 장면이 많이 발생했다.

일단 그곳 시설부터 깨끗이 정리하고 오래되어 낡고 부서진 것은 손보아 고쳤다. 시설이 정리되니 물품을 내리는 일에 걸리는 시간도 줄어들었다. 때문에 물건을 내리기 위해 기다리던 선박도 사라지기 시작했다.

한진상사가 주로 하는 일은 미군 5만 명이 쓸 물건과 식료품을 퀴논항에 내린 뒤 목적지로 이동하는 일과 주요 도시 간 화물을 운송하는 일이었다. 화물을 부두의 크레인에서부터 트럭에까지 옮기는 작업은 무척 빠르고 정확했다. 하역을 마친 군수 물자는 한진상사의 재빠른 일 처리로 신속히 각 부대에 전달되었다. 그들은 날마다 19번 도로를 달리며 물자를 수송했다.

"한진의 하역 능력은 정말 최고입니다."

한진은 시간이 갈수록 능력을 인정받았다. 다른 업체에 비해 월등했기에 어디에서나 대우를 받았다.

그러나 위험한 상황은 언제 어디서나 발생했다. 베트남은 전쟁이 벌어지는 지역이 따로 없었기에, 어디서나 베트콩(베트남 공산주의 세력)의 공격이 있었다.

어느 날 조중훈이 한 호텔에서 묵고 있을 때였다. 웬 차량 하나가 호텔 부근으로 들어오고 있었다. 호텔 안에 있던 조중훈은 어쩐지 그 차량에 눈길이 갔다. 운전자는 평범한 옷을 입고 있었지만 눈빛이 서늘했다.

아니나 다를까, 호텔 부근으로 차량이 들어오더니 '쾅!' 하는 굉음과 함께 일대가 아수라장이 되었다.

"베트콩이다! 시한폭탄을 차에 싣고 폭파했다!"

눈앞에서 폭탄을 실은 차가 폭발하는 모습을 지켜본 조중훈은 간담이 서늘해짐을 느꼈다. 전선이 따로 없는 베트남에서 일하는 이들 대부분이 이런 일을 겪었다.

일하는 현장에서도 전쟁의 위협은 언제나 도사렸다. 한번은 조중훈이 퀴논항에 정박한 배 위에서 잠깐 눈을 붙이고 있을 때였다. 어디선가 갑자기 '타타탁' 콩 볶는 듯한 소리와 함께 총소리가 들렸다. 깜짝 놀라 몸을 일으킨 조중훈은 기습을 피해 몸을 움직였다.

"아아악!"

급하게 움직이던 조중훈은 발을 접질리고 말았다. 그로 인해 한동안 목발을 짚게 됐지만 그럼에도 그는 현장을 떠나지 않았다. 이러한 기습 공격은

로드맵 1

베트남에 있는 동안 수차례나 계속되었다. 그중에는 기습으로 인한 안타까운 인명 사고도 있었다.

"사장님, 이번 사고 때문에 직원들이 일을 안 하려고 합니다."

"그래? 그럼 내가 가지 뭐."

직원들도 기세 좋게 베트남에 왔지만 막상 눈앞에서 사건 사고가 벌어지니 두려웠던 것이다. 그 마음을 모르지 않았기에, 조중훈은 사건이 생길 때면 직원들의 사기를 높이기 위해 직접 수송 차량에 올라탔다.

"자, 갑시다! 19번 도로를 신나게 달려봅시다."

조중훈은 일부러 큰 목소리로 직원들을 다독였다. 그렇게 한진상사는 날아오는 총알을 전면으로 마주하며 최선을 다해 맡은 일을 무사히 끝마쳤다.

"만약 다시 전쟁이 일어나면 한진에게 일을 다시 맡깁시다."

미군 작전 회의에서조차 이런 말이 나올 정도였다고 하니, 한진이 보여준 책임감과 성실함, 탁월한 능력은 대단한 것이었다.

한진이 베트남에 머물며 수송업을 담당한 것은 약 5년 반 동안이었다. 그 기간 동안 한진은 엄청난 양의 외화를 벌어들였다. 그리고 한편으로 베트남인들을 위한 배려도 아낌없이 하였다.

전쟁이 계속되면서 베트남인들 사이에서는 '어글리 코리안'이라는 말이 돌았다. 자국에서는 전쟁이 한창인데, 전쟁을 틈타 남의 나라에서 돈을 버는 한국인들에 대한 반감의 표현이었다. 조중훈은 기업가로서 돈을 버는 것도 중요하지만 외교 관계, 대민(민간인을 상대함) 관계도 중요하다고 생각했다. 그리하여 그는 베트남인들을 위해 여러 가지 노력을 기울였다.

"베트남인들을 직원으로 고용하되, 혹시 보상 문제가 생기면 그들이 만족할 수 있는 정도의 보상을 하도록 하세요."

조중훈은 먹고살기 힘든 베트남 주민들을 우선적으로 채용하여 살길을 마련해주었고, 베트남인 기술 학교를 세워 무료로 기술을 가르치면서 일하는 법을 배울 수 있도록 기회를 주었다.

또한 베트남에 세워진 김치 공장에 베트남 여성들이 취업할 수 있도록 했다. 이러한 세심한 배려 덕분에 한진상사는 현지인들에게서도 신뢰를 얻을 수 있었다.

그러는 사이 베트남전쟁은 끝이 보이기 시작했다. 전쟁에 참여했던 우리 군인이 철수하면서 그와 함께 한진상사의 수송 사업도 마무리되었다. 한진은 약 5년 동안에 놀라운 성장과 발전을 이루었다.

한진이 베트남에서 벌어들인 외화는 총 1억 5,000만 달러였다. 2,000억 원에 달하는 어마어마한 외화였다. 맨 손으로 시작한 베트남에서 한진은 베트남의 도로를 수없이 오가며 국내 최고의 운송 회사로 성장했다.

조중훈의
성공법칙

매의 눈을 가져라!

우리 속담 중에 '서툰 목수가 연장 탓한다'는 말이 있다. 가지고 있는 실력이 좋지 않은 사람이 오히려 엉뚱한 데서 다른 핑계 거리를 찾는다는 의미다.

조중훈은 젊은 나이에 수송업을 시작할 때 남보다 좋은 조건을 가지고 있지 않았다. 가지고 있는 전 재산을 털어 트럭 한 대를 겨우 마련했고, 그 뒤에 그는 오로지 실력과 끈기로 사업을 일구었다.

대신 그에게는 '매의 눈'이 있었다. 높이 나는 새인 매는 어두운 곳에서도 거의 모든 것을 볼 정도로 날카로운 눈을 가지고 있다. 다른 새들이 보지 못하는 것을 보는 날카로운 눈을 지니고 있어 다른 새보다 사냥을 잘하는 것이다.

조중훈이 처음 수송의 길에 들어섰던 것도 서울과 인천을 오가는 화물량이 많아지고 있다는 것을 며칠간 지켜보다 사업성을 확신했기 때문이다. 조중훈은 남이 보지 못하는 것을 보고, 남이 그냥 지나치는 아이디어를 자신의 것으로 만드는 매의 눈을 가지고 있었다.

이후 6·25전쟁 때문에 사업의 기반을 다 잃어버렸을 때도 그는 좌절하지 않고 일어설 수 있었다. 매의 눈을 가지고 좋은 사업 거리를 찾았고, 미군을 통해 물자를 수송하는 기회를 잡았다. 또한 베트남전쟁이 벌어졌을 때도 매의 눈으로 사업 거리를 포착해 회사의 기반을 탄탄하게 만들었다.

조중훈은 남들과 똑같은 시각으로 바라보면, 남보다 뛰어날 수 없다고 생각했다. 남들과 다른 것을 보고 남들은 하지 못하는 독창적인 생각을 해야, 앞설 수 있는 차이를 만들 수 있고, 그 작은 차이가 결국 성공으로 이어질 수 있다고 믿었다.

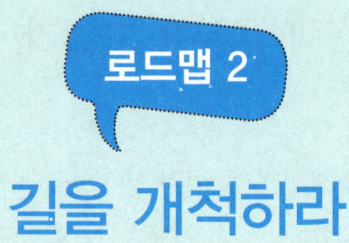

길을 개척하라

"길은 하나로 통하게 되어 있어.
아직 우리 비행기가 가지 않은 나라는 너무도 많네.
세계는 넓고 취항할 곳은 많아!
그곳이 촘촘히 연결되어야 비로소 길이 완성되는 거 아니겠나?"

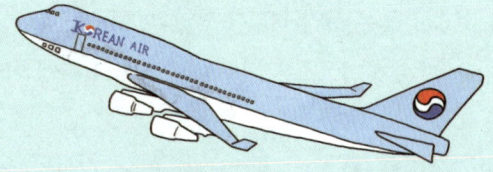

로드맵 2

길을 향한 꿈의 지도

대한항공을 인수하시오

"아이고, 요즘 같은 시대에 누가 항공사를 거들떠보기나 한답니까?"

"그러게 말입니다. 아직 나라에서도 항공사를 어려워하는데… 우리 같은 기업이 어떻게…."

아직 사회가 안정되기 전이라 기업들 사이에서는 정부에서 운영하는 항공사에 대한 불신이 매우 컸다.

베트남전쟁이 한창이던 1960년대 말, 정부에서는 20여 개 회사들을 직접 운영했다. 그중 '대한항공공사(KAL)'라는 항공사를 정부에서 직접 운영했는데, 이곳은 도산(재산을 잃고 망함) 위기에 있었던 '대한국민항공사'를 받아들여 정부에서 만든 국영 기업이었다. 하지만 얼마 못 가 대한항공공사도 경영의 어려움을 겪었다. 정부에서는 이 기업을 다른 곳에서 인수(책임지고 권리를 넘겨받음)해주길 바랐지만, 다들 고개를 절레절레 저었다.

조중훈 역시 정부에서 대한항공공사를 경영하는 것을 어려워한다는 사실을 모르지 않았다. 베트남전쟁을 통해 수송업으로 크게 일어선 한진상사는 그 당시 바닷길에 대한 꿈을 품고 '대진해운'을 세운 뒤였다. 또한 '동양화재해상보험주식회사'를 인수하고, 건설 회사인 '한일개발'을 설립해 수송업을 뒷받침할 수 있는 사업을 확장하는 중이었다.

그와 함께 베트남에 파견된 사람들을 수송하기 위해 중형 비행기를 한 대 사들여 그들을 싣고 이동시키는 일을 하고 있었다.

그렇기 때문에 정부에서는 한진상사가 항공사를 인수하기에 가장 알맞은 회사라고 생각했던 것이다. 하지만 사실 조중훈은 수년 전 이미 항공사를 세워본 경험이 있었다. 그랬기 때문에 더더욱 항공사를 운영하는 것이 쉽지 않다는 것을 알고 있었다. 그는 선뜻 결단을 내릴 수 없었다.

"죄송합니다. 제가 아무리 경험이 있다지만 빚더미에 올라앉은 회사를 인수할 수는 없습니다."

정부 또한 열악한 상황을 알았기에 조중훈의 거절에도 어쩔 수 없었다. 그 뒤로도 대한항공공사의 인수 제안을 세 차례나 더 받았지만 조중훈은 모두 정중히 거절했다.

그러던 어느 날이었다.

"사장님, 청와대에서 전화가 왔습니다."

박정희 대통령으로부터 온 연락이었다. 조중훈은 직감할 수 있었다. 대통령이 자신을 왜 부르는지, 어떤 말을 할 것인지 짐작했기에 착잡한 심정으로 청와대로 향했다.

로드맵 2

조중훈이 자리에 앉자 박정희 대통령은 단도직입적으로 이야기를 꺼냈다.
"어려운 부탁이 있습니다."
"네… 말씀하십시오."
"제가 대통령으로 있는 동안 대통령 전용기는 둘째 치고, 우리나라 국적기(한 나라에 소속되어 있는 비행기)를 타고 해외 순방을 해보는 게 제 소원입니다."
"…."
"베트남에서 휴가 나오는 우리 군인들이 외국 비행기를 타야 하는데 정말 부끄러운 일이 아닙니까? 그들이 우리나라 국적기를 타고 집으로 돌아올 수 있다면 얼마나 좋겠어요…. 게다가 남의 나라 비행기를 타고 와야 하니 외화 낭비도 심하고요. 그러니 한진에서 대한항공공사를 맡아 경영해주시는 게 어떻겠습니까?"

대통령의 간곡한 부탁에 조중훈은 난감했다. 이미 세 차례나 제안을 거절했을 때는 대한항공공사에 대한 내부적인 조사를 통해 절대 안 되겠다는 결론이 있었기 때문이다.

당시 대한항공공사는 동남아 11개 나라의 항공사 중 11위, 그러니까 순위가 꼴찌인 항공사였다. 비행기를 8대 보유하고 있다지만 전부 다 합쳐도 점보기(승객을 400명 이상 실을 수 있는 초대형 비행기) 한 대의 좌석인, 400석도 되지 않은 열악한 상황이었다. 게다가 빚더미에 올라앉아 있었기에 사업하는 사람들치고 바보가 아닌 이상 맡을 사람이 없는 상황이었다.

고심하는 그의 표정을 읽었을까. 박 대통령은 다시 쐐기를 박듯 설득했다.
"조 사장, 국적기가 날고 있는 곳에 그 나라의 국력이 뻗치는 것 아니겠

길을 향한 꿈의 지도

습니까? 그러니 조 사장이 맡아서 세계 영토에 대한민국의 국력을 보여주세요!"

대통령까지 나서서 간곡히 설득하는데 더 이상 거절할 방도가 없었다. 입을 꾹 다물고 깊은 생각에 빠진 조중훈은 마침내 큰 결단을 내렸다. 거절할 이유가 수백 가지도 넘었지만, 그 일을 해야 한다는 사명감을 넘을 수는 없었다.

"각하, 좋습니다. 일단 회사 임원들과 의논해본 뒤에 말씀드리도록 하겠습니다. 그것이 국가적 사명이라면 해야지요."

"정말 고맙습니다."

"각하, 저도 힘닿는 데까지 하겠습니다만, 정 어려운 일이 생기면 나중에 세 번만 도와주십시오."

박정희 대통령은 알겠다며 흔쾌히 약속했다.

회사로 돌아온 조중훈은 회사 임원들의 강한 반대에 또 한 차례 부딪혀야 했다.

"사장님, 항공사를 인수하는 건 베트남에서 고생해서 모은 돈을 고스란히 쏟아붓는 것이나 마찬가지입니다. 그걸 왜 하시려고 합니까?"

조중훈은 그들의 의견을 충분히 이해했다. 그러나 이미 사명으로 여기고 맡겠다고 했으니 직원들을 이해시키고 설득해야 했다.

"여러분의 뜻은 압니다. 그러나 일을 하다 보면 밑지는 사업도 있고, 밑지면서도 계속해야 하는 사업이 있습니다. 우리가 수송업을 시작한 이상, 앞으로 하늘을 통해 수송하는 것은 언젠가는 해야 할 일이라는 걸 잘 아시잖습니까? 시기가 좀 일찍 왔다고 생각합시다. 매도 먼저 맞는 사람이 낫다고,

로드맵 2

우리가 먼저 해봅시다. 그리고 항공사 인수는 국가적 차원에서 우리가 꼭 해야 할 일입니다. 사명이라 생각하고 뛰어봅시다."

조중훈은 직원들을 끈질기게 설득하여 1968년 11월 1일, 한진상사를 창립한 지 23주년이 되는 날 대한항공공사를 인수하겠다는 결정을 발표했다.

이로써 한진상사는 대한항공공사의 누적된 적자를 그대로 떠안고 회사를 인수했다. 그들로서는 엄청나게 큰 양보를 한 셈이었다.

1969년 3월 6일, 김포공항에서 매우 큰 행사가 열렸다. 대한항공공사 인수식이 있는 날이었기 때문이다. 허허발판인 공항을 뒤로 조중훈은 한진의 직원들과 인수식을 가졌다.

"자, 이제 우리 대한항공은 '민족의 날개'라는 사명감과 자부심을 품고 민간 항공사로 새 출발을 할 것입니다."

마침내 하늘길을 향한 조중훈의 새로운 도전이 시작되었다. 시작은 미약했지만 조중훈에게는 앞으로 하늘길의 시대가 반드시 올 것이란 확신이 있었다. 또한 나라의 이익을 위한다는 마음이 있었기에 두려움 없이 새로운 도전에 나설 수 있었다.

불안한 출발

'어쩐다… 하늘길을 열려면 국제적인 항공사로 발전해야 할 텐데….'

조중훈은 항공사를 인수한 뒤부터 밤잠을 설쳤다. 그의 고민은 하나였다. 어떻게 하면 민간 항공사인 대한항공을 국제적인 항공사로 발전시킬 수 있을지에 대한 고민이었다.

세계적으로 앞서 간 항공사들은 대형 제트기를 사들이며 수송에 열을 올리고 있었다. 국제 사회에서는 벌써부터 '하늘 전쟁'이 벌어지고 있었던 것이다. 그 대열에 대한항공이 끼어들기에는 매우 역부족이었다.

대한민국은 남북으로 나뉜 분단국이 된 것이 큰 걸림돌이었다. 항공로(비행기가 일정하게 운항하는 통로)를 지정하는 데 많은 제한을 받았기 때문이다. 자칫 잘못해 정해진 항공로가 아닌 곳으로 들어가 자유국가가 아닌 공산국가

로드맵 2

를 지나가기라도 한다면 큰일이었다. 우리만이 갖는 약점이었다.

게다가 보유하고 있는 항공기의 상황은 더 엉망이었다. 모두 8대의 비행기가 있었지만 30~40석 규모의 작은 프로펠러기가 대부분, 그나마 한 대 있는 유일한 제트기는 엔진 고장으로 일본에서 대대적인 수리를 받아야 했다.

문제는 그뿐만이 아니었다. 기기나 장비는 고치고 개선하면 되는 문제였지만 사람 간의 문제는 시간과 노력이 더욱 필요했다.

"사장님, 원래 대한항공에 있던 직원들이 굉장히 불안해합니다."

"왜 그렇지?"

"혹시 일자리를 잃을까봐 그렇죠."

조중훈도 직원 문제를 고심하고 있었다. 당시 대한항공에는 실무를 제대로 할 수 있는 전문 인력도 크게 부족했고, 인사(직원을 뽑고, 내보내고, 평가하는 등의 행정적인 일) 부분도 제대로 되고 있지 않았다. 그러던 와중에 회사가 민간 기업에 넘어갔으니 그들로서는 하루아침에 직장을 잃을 수도 있다는 불안감이 컸을 것이다.

"일단 모든 직원들을 한자리에 모이게 하게."

조중훈은 일단 직원들을 하나로 모으는 것이 먼저라고 생각했다. 그들 앞에 선 조중훈은 한 가지를 확실히 약속했다.

"여러분, 저에게는 20년간 한진상사를 이끌어오면서 하나의 원칙과 소신이 있습니다. 기업은 인간이 만들고, 사람들로 구성되는 조직의 힘으로 발전하는 겁니다. 다시 말해, 기업은 곧 인간이기에 사람 간의 화합이 기업에서 제일 중요하다고 생각합니다. 항공사에서도 가장 중요한 것은 항공기가 아닌 바로 여러분들입니다. 여러분이 어떤 과정에 의해서 이 자리에 계시든지 간에 지금부터 단 한 사람도 우리 회사에서 나가는 일은 없도록 하겠습니다. 여러분은 자신이 있는 자리에서 최선의 노력을 해주면 됩니다."

무척 파격적인 선포였다. 기업이 다른 회사를 인수하게 되면 원래 있던 직원의 인원을 줄인다거나 조정을 하는 것이 보통의 경우였다. 그런데 한 사람도 빠뜨리지 않고 모두 함께 가겠다는 선언을 한 것이다. 조중훈은 못 미더워하는 직원들에게 공개적인 자리에서 세 번이나 같은 약속을 맹세했다. 그제야 직원들도 안심하고 일에 집중하기 시작했다.

조중훈은 직원들과 만나는 것을 즐겼다. 특히 현장을 자주 다녔는데, 대한항공을 인수한 다음부터는 직접 현장을 찾아 항공기의 상태를 점검하고는 했다. 직접 현장을 돌며 눈으로 확인하는 것만큼 확실한 것은 없다고 생각했기 때문이다.

평소 조중훈은 이른 새벽 4시가 되면 잠자리에서 일어났다. 아침잠을 줄이고 대신 새벽에 독서를 하곤 했다. 일찍 일어나는 습관은 아주 오래전부터 몸에 밴 것이었다.

새벽에 책을 읽은 뒤 조중훈은 오토바이를 타고 공항으로 나왔다. 간혹 밤을 새우고 일을 한 뒤 졸고 있는 직원을 보면 점퍼를 덮어주기도 하고, 바닥에 뒹굴고 있는 나사가 보이면 주워 담기도 했다. 그러면서 현장에서 직원들과 이야기 나누는 것을 즐겼다.

로드맵 2

"이봐, 이 엔진 소리는 어떤 타입인가?"

"제트 엔진에서 나는 소리입니다."

"음… 이런 소리가 난단 말이지. 사용되는 연료는 무엇인가?"

"제트 엔진 전용인 JP유(油)입니다."

조중훈은 항공사를 맡은 이후 항공 관련 서적을 열심히 읽었다. 책을 통해 항공에 관한 이론을 쌓고, 현장을 다니며 실전 지식을 넓혔다. 그러다 보니 나중에는 항공기의 엔진 소리만 들어도 어떤 타입인지 구분할 수 있게 되었고, 소리만으로도 엔진의 고장을 잡아내는 반 전문가가 되었다.

조중훈의 현장 확인은 이후로도 계속되었다. 하지만 민간 항공사로 출발한 대한항공은 그리 전망이 밝지 않았다.

대한항공은 국내 노선과 더불어 국제선(나라와 나라 사이를 오고가는 항로)도 있었지만, 그래봐야 일본을 오가는 몇 개 노선에 불과했다. 동남아로 취항하는 노선이 있긴 했지만 외화를 벌어들일 수 없다는 이유로 휴항(비행기나 배를 운항하지 않고 쉼)하고 있었기에 국제 노선은 거의 없는 것이나 마찬가지였다. 그러다 보니 외화 획득은 일본 노선을 통한 약간뿐이었다. 대한항공은 연일 적자의 늪에서 헤어나오지 못했다.

그러나 좌절하기에는 일렀다. 비록 가지고 있는 자금과 지식, 정보는 부족했지만 조중훈은 항공의 미래에 대해 치열하게 고민하며 연구하고 있었다. 그리고 그는 직원들의 마음을 한데로 모으며 움츠리고 있던 날개를 조금씩 펼치기 시작했다.

비행기를 보유하라

"이번에 회사를 인수하면서 한 가지 간절한 소원이 있습니다."

대한항공 사장으로 취임한 조중훈의 말에 모두 귀를 기울였다.

"지금은 항공기를 더 늘리는 일이 가장 중요합니다. 그런데 앞으로 기종을 들여올 때는 프로펠러기가 아닌 성능 좋은 제트기로 하고 싶습니다."

회사의 주식을 많이 보유하고 있는 주주들이 모인 자리에서 조중훈은 새로운 비행기를 확보하고 싶다는 의지를 밝혔다. 하지만 당시로서는 비행기를 들여오는 데 막대한 투자를 하는 것이 무척 부담스러운 상황이었다. 가뜩이나 경영 사정도 좋지 않은데 새로 취임한 사장이 생각지도 못한 큰 투자까지 하겠다고 하니, 주주들은 몹시 못마땅한 눈치였다.

그러나 조중훈의 생각은 달랐다.

'길을 개척하는 사람은 무모하더라도 새로운 길에 도전해야 한다.'

그는 대한항공이 살아남으려면 짧은 시간 내에 많은 수송 체제를 갖춰야 한다고 생각했다. 그러려면 보다 많은 인원을 수송할 수 있는 비행기가 필요했다.

결국 조중훈의 생각이 받아들여졌고, 이후 국내선으로 쓰일 비행기를 선정하는 데 모두 머리를 맞대었다.

"YS-11 기가 적당합니다."

"일본에서 만든 비행기 말이지요?"

로드맵 2

"네, 일본 최초 민간 여객기로 기체(비행기의 몸체) 완성도가 높습니다."

대한항공은 새로운 비행기를 들여오는 일을 과감하게 시작했다. 많은 돈이 들어갔지만 투자가 있어야 수익이 생기는 법, 조중훈은 공격적으로 비행기를 확보하는 데 온 힘을 기울였다. 그로 인해 대한항공은 민간 항공으로 시작한 지 2년 만에 새로운 민간 여객기 여덟 대를 도입했다.

"이제 국내선용 비행기가 어느 정도 자리를 잡게 되었으니 국내 항공 수송에 최선을 다합시다. 그리고 국제선 진출도 대비해야지 않겠습니까."

직원들은 당황스러웠다. 이미 여덟 대의 비행기를 도입한 뒤였기에 회사 사정은 그리 좋은 편이 아니었다. 그렇지만 조중훈의 뜻은 강력했다.

"국제선은 최종적으로 우리가 가야 할 방향입니다. 지금 세계는 항로를 개발하고 넓혀가는 데 전력을 기울이고 있습니다. 우리도 대비해야 합니다."

대한항공은 그의 뜻에 따라 국내선뿐 아니라 국제선의 항로를 개척하는 데 집중했다. 국제선을 시작하려면 그에 맞는 비행기를 다시 들여와야 했다.

"우리도 그걸 보유하도록 하지."

"네? 무얼 말씀하시는 겁니까?"

"점보기 말일세. 아무리 신생 항공사라고는 하지만 언제까지 걸음마만 하고 있을 순 없지."

점보기는 미국 '보잉 사'가 만든 대형 비행기 '보잉747'의 또 다른 이름이었다. 1968년에 처음 만들어진 보잉747은 마치 코끼리처럼 몸집이 커서 점보기란 별칭이 붙여졌다.

보잉747은 전 세계적으로 승객들에게 많은 사랑을 받고 있었다. 이미 세

길을 향한 꿈의 지도 **59**

계 항공 업계에서는 점보기를 이용한 대량 수송의 흐름으로 바뀌고 있었다.

조중훈은 그러한 흐름을 매의 눈으로 지켜보았다. 지금은 당장 항공 업계의 흐름을 주도할 수는 없는 입장이지만, 그래도 그 흐름에 뒤처지지는 않겠다는 의지가 있었다. 그렇기 때문에 점보기를 들여오자고 추진한 것이었다.

1970년 연말 즈음, 조중훈은 점보기 사진을 넣은 신년 카드를 주문했다. 그리고 새해 인사말을 적은 카드를 각계 인사에게 보냈다. 그 카드를 통해 사람들은 대한항공이 점보기를 도입하려 한다는 사실을 알았다.

"허 참… 대한항공이 점보기를 들여오겠다는군."

"조 사장, 허세 부리는 거 아냐?"

점보기를 들여오려면 어마어마한 자금이 들어가야 한다는 것을 알고 있었기에 사람들은 그를 믿지 않았다. 하지만 조중훈에게 그런 시선은 문제 될 게 없었다.

"이봐. 점보기 두 대를 들여오려면 얼마 정도가 필요할까?"

"7,000만 달러 정도의 자금이 필요할 것 같습니다."

"흠… 7,000만 달러라. 베트남에서 번 돈 절반을 쏟아부어야 하는군. 그래도 추진할 건 해야지."

점보기를 도입하기까지 내부적으로도 반대가 심했다.

"사장님, 지금은 시기상조(時機尙早, 어떤 일을 하기에 아직 때가 이름)입니다."

"맞습니다. 무리해서 들여놓고 나서 정작 탈 사람이 없으면 어쩝니까?"

7,000만 달러라는 큰돈을 마련하는 것도 문제였지만 대형 비행기를 제대

로 관리할 능력도 되지 않았다. 무엇보다 그 큰 비행기를 이용할 사람들이 많아야 하는데, 그것이 가능하겠느냐는 걱정이었다. 주변에서는 그 돈이면 세계 최대 규모의 화학비료 공장을 세우고도 남을 정도라며 무모한 시도라고 했다.

그러나 조중훈에게는 믿음이 있었다. 이미 그의 마음속엔 하늘길을 열어 수송업을 확장시키겠다는 꿈이 있었고, 얼마 지나지 않아 항공 수송 시대가 열릴 것이란 확신이 있었다. 그렇다면 제때에 올바른 결정을 내려야 했다.

그는 보잉747기를 구매하기로 결정하고, 1972년 미국 보잉 사와 정식으로 구매 계약을 맺었다.

점보 보잉747기가 처음 들어오던 날, 사람들은 처음 보는 점보 비행기의 위용에 모두 입이 떡 벌어졌다. 지금껏 보아왔던 비행기와는 일단 규모부터가 달랐던 점보기는 한국 국민이라면 누구나 으쓱해질 정도로 대단했다.

"여러분, 이제부터 시작입니다. 우리 대한항공은 이 보잉747기에 태극 마크를 달고 세계 곳곳을 누빌 것입니다. 태극 마크가 닿는 곳에 대한민국의 이름이 새겨질 것입니다. 그렇게 되도록 우리가 노력합시다."

이렇듯 대한항공은 공격적으로 비행기를 확보하며 한국 최고의 항공사로 조금씩 성장해나갔다.

해외 상공을 나는
태극 날개

동남아 최장 노선 개발

사람들 사이에서 우스갯소리가 있었다.
'만약 우리 항공기가 미국 로스앤젤레스가 아닌 뉴욕에 먼저 취항했다면 뉴욕에 한인타운이 생겼을 테지.'

이 말은 항공기가 어느 도시를 먼저 취항하느냐에 따라 사람들의 생활과 문화가 바뀐다는 것을 뜻했다. 그만큼 그 나라의 국적기가 어느 도시를 가느냐가 중요했다.

대한항공이 새로운 시작을 알렸을 즈음, 세계의 항공 산업의 전쟁은 무척 치열해지고 있었다. 뒤늦게 출발한 대한항공은 당시 동남아 항공사 중 꼴찌를 차지할 정도로 성적이 변변치 못했지만 그래도 나름의 성장을 하고 있었다.

"항공사의 생명은 항공 노선을 얼마나 개척하고 개발하느냐에 달려있네."

> 로드맵 2

"맞습니다. 우선 동남아 국가부터 공략하는 게 좋을 것 같습니다."

대한항공의 국제 노선이라고 해봤자 기껏 일본 정도가 전부였다. 그나마 거기서 외화를 벌어들이고 있으니 다행이었다. 하지만 그것으로는 턱없이 부족했다.

한진은 당시 베트남에서 육상 수송도 함께하고 있을 때였다. 전쟁이 언제 끝날지 모르는 상황이었지만 당장 베트남의 수도인 사이공으로 비행기를 취항하도록 하는 게 시급했다.

짧은 시간 안에 운항 허가를 받아야 하는 시급한 상황이었지만, 조중훈의 추진력 덕분에 서울-사이공 취항은 가능해졌다.

사이공 취항 성공을 시작으로 조중훈은 또 다른 동남아 나라를 연결시키는 노선 개발에 집중했다. 그 첫 번째는 그동안 휴항되었던 서울-홍콩 간의 노선을 다시 살리는 것이었다.

"앞으로 홍콩은 국제도시로 도약할 가능성이 큰 도시입니다. 그동안 회사 사정으로 운행을 중단했지만 다시 시작해봅시다."

조중훈은 일단 적자가 나는 한이 있더라도 서울-홍콩 간의 노선을 부활시켜야겠다고 판단했다. 홍콩으로 다시 취항을 하자 비행기 수요(어떤 재화나 용역을 사고자 하는 욕구)가 조금씩 늘어나기 시작했다. 국외로 나가는 사람들이 점점 많아진 것이다.

'됐어. 그럼 이제 동남아 지역을 한데로 묶어보자.'

조중훈은 이미 취항하고 있는 도시인 오사카와 홍콩, 사이공 등을 중심으로 노선을 넓혀나갔다. 그렇게 해서 만들어진 노선이 서울-오사카-타이페이-홍콩-사이공-방콕을 잇는 동남아 최장 노선이었다. 하나의 노선으로 여섯 개 나라의 도시가 이어진다는 것은 대단한 일이었다.

당시 한국의 경제가 발전하기 시작하며 이제 막 국제 사회 활동을 시작하려던 시기였기에 대한항공의 동남아 최장 노선 개발은 긍정적인 평가를 얻었다. 대한항공 노선 개발로 인해 이제 우리나라 국민들은 국적기를 타고 동남아 지역을 다닐 수 있게 되었다.

노선을 찾아 개발하는 일은 이렇듯 비행기를 보유하는 것만큼이나 중요한 문제였다. 새로운 도시에 취항한다는 것은 단순히 비행기가 착륙했다가 이륙하는 것을 의미하는 게 아니었다. 그것이 곧 외화를 벌어들이는 일이고, 취항한다는 것 자체가 해당 나라와의 교류가 이루어지는 중요한 관문이었기 때문이다.

한진이 대한항공을 인수하고 민영 기업으로 탄생한 그해 대한항공은 동남아 최장 노선을 개발하며 시대를 앞서가고 있었다.

미국 하늘에 뜬 '태극 날개'

조중훈은 미국으로 향하는 비행기에 올랐다. 너무도 감회가 새로웠다. 불과 얼마 전까지만 하더라도 국적기를 타고 미국에 간다는 것은 상상도 못한 일이었기 때문이다.

'드디어 우리도 우리 비행기를 타고 태평양을 건너는구나.'

로드맵 2

조중훈은 벅차오르는 가슴을 안고 미국행 비행기 좌석에 앉았다. 잠시 후 비행기는 구름 사이를 헤치더니 태평양을 건너 미국 땅에 도착했다. 태극 마크를 단 비행기가 비행장에 내리자 수많은 인파가 몰려들었다.

"와~ 어서 오세요!!"

"드디어 미국 땅에 한국 비행기가 들어오다니, 정말 대단합니다."

비행장에 수많은 해외 동포들이 대한항공을 환영하기 위해 꽃을 들고 기다리고 있었다. 조중훈은 눈시울이 붉어졌다. 가슴속에선 뜨거운 것이 올라왔다. 한 번도 만나본 적 없는 동포들이었지만 최초로 미국 땅에 취항하는 우리나라 항공사의 비행을 축하하기 위해 와준 것이었다.

"정말 한을 풀었습니다. 대한항공이 우리의 한을 풀어줬어요."

해외 동포들은 정든 고향인 한국을 떠나 해외에서 살면서 많은 고생을 하고 있었다. 한국의 국력이 약했기에 서러움도 많이 겪었을 터인데, 국적기가 서울에서 미국의 로스앤젤레스까지 취항했다는 사실에 큰 자부심을 느꼈다.

그들에게는 그저 비행기 한 대가 자신이 사는 곳까지 온 것이 아니라, 나라가 발전했음을 알려주는 반가운 소식이었다. 조중훈은 해외 동포들의 열렬한 환영을 받으며 그간의 일들을 떠올렸다. 민간 항공사로 출발한 그해에 동남아 여러 도시를 잇는 노선을 개발하고 난 뒤, 그의 관심사는 오로지 미국이었다.

'어떻게 하면 미국으로 가는 노선을 개발할 수 있을까.'

1970년대 초 대한항공은 미주 노선을 개발하는 일에 집중했다. 미국이 세계에서 가장 큰 나라였고 중심이었기에 이곳의 노선을 뚫는 것이 최대의 관심사였다. 그러나 그 일을 진행하는 데에는 걸림돌이 있었다.

"지금 우리나라가 미국과 맺은 항공 협정으로는 불리합니다."

"그러게 말이야. 그게 불평등한 조약이란 건 서로가 잘 알고 있지만, 그쪽에서 그걸 인정할까?"

"쉽지 않을 겁니다. 그쪽에서는 아쉬울 게 없으니까요."

당시 한국과 미국 간에 항공 운수 협정이라는 게 있었다. 1957년에 맺은 것으로 우리나라가 전쟁 직후였기에 미국의 도움이 급하게 필요했던 때 맺은 것이었다. 그랬기 때문에 내용 중에 불평등한 것들이 많았다. 이를테면, 미국의 비행기가 우리나라에 취항하려면 별다른 제약이 없었던 반면, 우리의 비행기가 미국에 취항하려면 많은 제한이 있었다.

대한항공에게 미국 취항은 하루빨리 성공시켜야 할 과제였다.

조중훈은 그간 미국과 좋은 관계를 맺고 있었던 것을 무기 삼아 협정의 내용을 바꾸려고 노력했다. 그러나 예상과 달리 미국은 꿈쩍도 하지 않았다.

"당신과의 우정도 소중하지만, 우리나라의 이익도 중요합니다."

미국의 태도는 쉽게 달라지지 않았다. 조중훈은 이에 단념하지 않았다. 길을 개척하기 위해서는 이런 장애물은 넘어서야 한다고 생각했다.

"우리는 포기하지 않습니다. 대신 우리가 취항하고자 하는 도시에 영업소를 설치하겠습니다. 우리는 우리가 할 수 있는 일을 할 겁니다."

조중훈은 비행기를 취항시키기도 전에 미리 미국의 도시에 영업소를 설치했다. 그가 첫 번째로 지목한 도시는 로스앤젤레스였다. 이후 뉴욕과 시카고, 휴스톤에도 사무실을 만들어 영업을 시작했다.

"사장님, 우리가 이렇게 한다고 저 사람들이 협상을 할까요?"

"자기들도 불평등한 협정이라는 걸 알고 있을 테니 오래 버티지 못할 거야. 우리는 하는 데까지 해보자고."

대한항공은 서울과 미국, 양쪽의 협상 당사자를 만나 설득을 이어갔다. 한국과 미국 사이의 항공 협정은 분명히 잘못되었으며, 공평하게 바뀌어야 한다며 끈질기게 설득했다. 그러자 그렇게 강경했던 미국의 태도도 조금씩 누그러졌다.

"그럼 우리가 어떻게 하면 좋겠습니까?"

"일단 협정 내용에서 불평등한 부분부터 함께 고치도록 합시다."

미국이 타협하려는 의사를 보이자 조중훈은 끝까지 붙잡고 늘어지며 협상을 이어갔다. 그는 제일 먼저 점찍어둔 곳인 로스앤젤레스와 서울을 잇는 노선이 가능하도록 했다.

"그것참… 그건 좀 곤란한데…."

"그럼 이렇게 하는 건 어떻겠습니까? 우리 비행기가 인력을 수송하는 일이 정 못미더우시면 화물을 싣고 나르는 화물기부터 취항할 수 있도록 해 주시오."

협의는 계속되었다. 결국 미국 측에서 손을 들었다. 대한항공을 인수한 지 2년 만에 이룬 성과였다. 대한항공은 정식으로 취항이 가능한 미주 노선의 운항권을 얻을 수 있었고, 이후 서울-도쿄-로스앤젤레스를 잇는 노선 취항이 가능해졌다.

"와~ 드디어 대한항공 비행기가 미국에 간다!"

모두가 감격에 젖어 환호성을 질렀다. 비록 화물기 취항이지만 그것만으로도 큰 성과였다.

화물을 확보하라

그러나 기쁨도 잠시, 문제가 발생했다.

"사장님, 큰일 났습니다."

"무슨 일인가?"

"미국에 실어 나를 화물이 없습니다."

"뭐? 어렵게 미국 취항이 가능해졌는데… 실어 나를 화물이 없다니 그게 말이 돼?"

"미국으로 수출하는 화물들이 있지만 대부분 외국 항공을 이용하려고 합니다. 우리를 믿을 수 없다는 거죠."

틀린 말은 아니었다. 중요한 수출품을 실어 나르는 데 경험도 없는 국내 항공을 이용하는 것이 꺼려졌을 법도 했다. 게다가 대한항공에는 항공화물 운수 일을 해본 전문가도 거의 없는 상태였다.

"사장님, 차라리 취항을 잠시 미루는 것이…."

"안 돼. 그건 안 되지. 어떻게 기회를 잡았는데 이렇게 주저앉을 순 없어. 그대로 밀어붙이되, 전 직원을 동원해서 미국으로 수출하는 업체를 찾아보게."

그때부터 직원들에게 떨어진 명령은 미국으로 수출하는 가발 업체를 찾는 것이었다. 당시 우리나라에서 만드는 가발이 미국으로 많이 수출되었는데, 그 업체들을 찾아 대한항공을 이용하도록 설득하려는 것이었다.

직원들은 발이 부르트도록 가발 업체들을 찾아다녔다. 대부분의 가발 업체는 작은 도시 구석진 곳에 위치해 있었기 때문에 직접 찾아가는 일도 힘들었다. 하지만 그들은 미주 노선의 첫 단추를 잘 끼워야 한다는 사명감으로 힘을 냈다.

직원들은 어렵게 업체를 찾아 사장을 설득하는 데 나섰다.

"사장님, 이번에 미국으로 화물을 보낼 때는 대한항공 화물기를 이용해주십시오."

"대한항공? 거길 어떻게 믿습니까? 미국 노선은 이번이 처음이라면서요."

"그렇습니다만… 누구나 다 처음이 있잖습니까? 게다가 다른 항공을 이용하는 것보다 우리나라 국적기를 이용하는 게 애국 아닙니까."

"그렇긴 하지만…."

"한번만 대한항공을 믿어주십시오."

직원들은 수출 업체들을 찾아다니며 설득했지만 대부분 고개를 절레절레 저었다. 그렇다고 그대로 주저앉을 순 없었다. 직원들은 며칠 동안 따라다니며 끈질기게 설득했고 겨우겨우 화물을 확보할 수 있었다.

"사장님, 드디어 화물을 모두 확보했습니다. 이번에 로스앤젤레스로 갈 화물기 수량은 다 찼습니다."

"수고했네. 이제 역사적인 순간만 남았군."

그렇게 화물을 잔뜩 실은 비행기가 상공을 가르며 로스앤젤레스로 첫 취항을 마쳤다. 그날이 1971년 4월, 드디어 태평양 횡단 노선을 성공시킨 것이다. 취항은 성공적이었다. 자신감이 붙은 조중훈은 이 미주 노선을 이어가기 위한 노력을 기울였다.

"여러분 덕분에 화물기가 안전히 미국에 취항했습니다. 앞으로도 지금과 같은 노력을 부탁드립니다. 물론 화물 확보가 힘들다는 것을 잘 알고 있습니다. 하지만 앞으로 우리 항공기에 대한 인식은 곧 좋아질 것이고 화물 수량도 늘어날 테니, 조금만 더 수고를 부탁드립니다."

조중훈을 비롯한 전 직원은 미주 노선 개발과 함께 적극적으로 영업 활동을 했다. 그들의 성실한 영업으로 화물량도 늘어났지만 무엇보다 대한항공을 보는 눈이 매우 긍정적으로 바뀌고 있었다.

"와… 대한항공은 정말 대단한 회사야. 미국 진출까지 성공한 걸 보면 참 대단해. 같은 한국 사람으로서 자부심을 느끼지 않나?"

주변에서 이런 반응이 오기 시작했다. 해외에서도 신뢰가 쌓여갔다. 화물기를 운항하며 한 차례도 운항이 취소되거나 약속을 어기는 일이 없었기에 실적은 나날이 상승곡선을 그려갔다.

그렇게 1년여 시간이 지난 뒤, 마침내 대한항공은 미국 여객 취항을 성공시킬 수 있었다. 1972년 서울-도쿄-호놀룰루-LA 노선에 정기 여객기를 취항 시킨 것이다.

그동안의 조중훈과 직원들의 끈질긴 노력이 빛을 발한 셈이었다. 태극 마크를 단 국적기가 태평양 바다를 지나고 태평양 상공을 가로질러 미국 땅에 도착했을 때 이런 찬사가 들려왔다.

"대한항공 비행기는 하늘의 천사 같습니다."

해외 동포들에게 '하늘의 천사'라는 이야기를 들을 정도로 미국으로의 항로 개척은 큰 의미가 있었다. 우리나라가 비행기를 미국에 취항시킬 수 있을 정도로 나라의 힘이 커졌다는 것을 의미하는 것이기 때문이다. 이 일을 통해 우리나라 국민들은 자부심이 강해짐을 느꼈다.

그리고 대한항공은 미주 취항을 함으로써 처음으로 적자에서 벗어나게 되었다. 또한 더 넓은 세계로 하늘길을 확장할 수 있는 기회를 얻었.

미주 최초 취항이 이뤄지고 난 뒤 해외 동포들 사이에서 유행하는 말도 생겼다.

"KAL 타고 왔수다."

이 말은 미주 노선의 국적기를 탄 해외 동포들의 자부심이 담긴 말이었다. 이처럼 대한항공 비행기 사랑은 해외 동포들에게도 이어졌다.
　국제 노선이 개발되어 우리 비행기가 가는 곳에서는 해외 동포들이 태극기를 흔들었다. 전쟁으로 폐허가 된 지 불과 20년, 대한민국의 국적기가 세계를 향해 날아갈 수 있다는 데에 대한 감동 때문이었다.

비행기로 세계를 일주하다

　1972년 미주 노선을 성공시킨 뒤 조중훈은 또 다른 길을 개척하는 꿈을 꾸었다. 바로 유럽을 비행기로 연결하는 노선을 계획하는 것이었다.
　"이봐, 조사단을 한번 꾸려보게."
　"조사단이라니요?"
　"유럽 지역을 돌면서 유럽 노선에 대한 연구를 하는 걸세."
　이제 막 미주 노선을 시작한 상황에서 유럽까지 내다보는 조중훈의 안목에 직원들은 놀랄 수밖에 없었다.
　그러나 유럽의 도시에 취항하는 일은 무척 어려운 일이었다. 유럽 사람들은 콧대가 워낙 높았고, 한국에 대한 정보도 잘 알려져 있지 않았던 터라 그들로서는 동양의 작은 나라인 한국의 비행기가 취항하는 것에 다소 거부 반응이 있었다.

> 로드맵 2

그 사실을 모르지 않았지만 조중훈에게는 앞으로 길을 통해 전 세계가 하나로 통할 것이라는 확신이 있었다. 그렇기에 유럽을 비롯한 전 세계 노선 개척은 반드시 필요한 일이었다.

얼마 뒤 조사단이 유럽에서 돌아왔다. 조중훈은 그들을 불렀다.

"프랑스 파리가 좋겠군. 프랑스는 유럽의 근거지가 되는 나라인 데다 국제적으로 큰 영향력을 끼치는 나라이니 그곳에 반드시 취항을 해야지. 당장 파리에 대한항공 영업소를 만들게."

대한항공은 아무런 인연도 없는 파리에 영업소를 우선 마련했다. 당시 유럽 지역에는 여러 국가의 항공사가 모여 있었고 그들끼리 뭉치는 경향이 아주 강했다. 그런 상황에 이름도 잘 들어보지 못한 한국의 항공사가 영업소를 냈으니 대놓고 무시했다.

"어디? 어느 나라 항공사라고?"

"과연 저 항공사를 이용하는 파리 시민들이 있을까?"

그들은 얼마 지나지 않아 대한항공이 다시 한국으로 돌아갈 것이라 생각했다. 그러나 조중훈은 '의지의 한국인'이었다. 반드시 유럽 노선을 개척해서 세계를 누비는 하늘길을 열겠다는 포부가 있었다.

하지만 그도 전체적인 상황으로 볼 때 대한항공 단독으로 유럽에 취항하는 일은 무리라는 생각이 들었다. 대신 좋은 동반자가 생각났다.

'그래, 에어프랑스 항공사가 있었지?'

'에어프랑스 사'는 프랑스의 국적 항공사로서 다행히 대한항공과 그동안 좋은 관계를 맺고 있었다.

대한항공은 에어프랑스와 협정을 맺고 공동 운영하는 것으로 파리에 취항하는 방법을 찾아나갔다. 그러던 차에 조중훈은 '한불 경제협력위원회' 위원장을 맡게 되었다. 우리나라 항공사 그룹의 대표가 프랑스에 진출해서 교류를 하고 있어 위원장을 맡게 된 것이다. 조중훈이 한국-불란서(프랑스) 경제협력위원회 대표가 되면서 프랑스와의 교류가 깊어졌고, 점차 파리 취항의 길도 서서히 열리는 듯 보였다.

그러던 어느 날, 우리 정부에서 대한항공에 난감한 제안을 해왔다. 프랑스가 중심이 되어 영국, 독일, 스페인 등 유럽 4개국이 공동으로 만든 에어 버스 비행기를 구입해달라는 것이었다. 우리나라 정부의 입장에서는 프랑스를 도와야 했다. 그러다 보니 항공사인 대한항공 측에 부탁을 해온 것이다.

"아니, 이제 막 개발된 비행기를 어떻게 단숨에 구입을 하겠습니까?"

"저희도 사정을 알지만 정부 측 입장이 그렇습니다. 대한항공이 좀 도와주셨으면 좋겠습니다. 그래도 유럽 4개국이 공동 개발한 것이니 성능 면에서는 좋을 겁니다."

파리 취항을 계획하고 있던 때에 오히려 짐을 떠안게 된 셈이다. 내부적으로도 반대가 심했다. 아직 개발된 지 얼마 되지 않은 기종이기에 다른 나라에서도 구매를 하지 않는 상황이었고, 어떻게 그 많은 돈을 들여 구입하느냐는 의견이었다. 일리가 있는 말이었다.

그러나 조중훈의 생각은 좀 달랐다. 한국 정부는 프랑스와 좋은 관계를 유지해야 할 필요가 있고 중간에서 그러한 역할을 할 사람이 자신이라고 여겼던 것이다. 국익을 위해서라면 기꺼이 돕는 게 옳다고 여겼다.

로드맵 2

"에어 버스 비행기에 대해 철저히 조사해보세요."

조중훈은 몇 차례나 기술적인 검토를 마친 뒤 결단을 내렸다.

"좋습니다. 대한항공이 에어 버스 비행기 6대를 구매하겠습니다."

대한항공의 이 같은 결정은 그동안 선뜻 이 비행기에 대해 구매를 결정하지 못한 다른 항공사에게 영향을 주었다.

좋은 일은 계속되었다. 처음에는 대한항공을 신뢰하지 않던 프랑스 항공사나 정부에서 대한항공의 파리 취항을 적극적으로 검토하기 시작했다. 그 결과 1년간의 노력 끝에 1973년 10월 6일, 한국 민간 항공기 사상 최초로 서울과 파리를 잇는 항로에 화물기를 취항하게 되었다.

"대한항공의 파리 취항을 허가합니다."

조중훈을 비롯한 직원들은 박수를 치며 기뻐했다. 1973년 화물기의 취항이 이루어지고, 2년 뒤인 1975년에는 서울-파리의 여객기 취항이 이루어졌다. 비로소 유럽의 중심 도시인 파리에 대한민국 국적기가 머물 수 있게 된 것이다. 동양의 신생 항공사가 아닌 미국과 유럽을 이으며 세계로 뻗어가는 항공사로 발돋움한 셈이다.

파리 취항으로 유럽 노선의 시작을 알린 대한항공은 그 이후 크고 작은 어려움을 겪기도 했지만 결코 무너지지 않았다. 세계적으로 항공사들이 어려운 시기를 지날 때도 운항을 포기하지 않았고 더욱 공격적으로 노선을 개척해 나갔다.

'이제 미국과 유럽을 잇는 반원을 그렸으니 나머지 반원을 그려가자.'

조중훈은 또 다른 하늘길에 대한 꿈을 꾸었다. 그것은 중동 지역을 잇는

해외 상공을 나는 태극 날개

길이었다. 중동 지역은 석유를 생산하는 부유한 나라들이 많았다. 1970년대 중반에 들어서면서 우리나라 건설업이 크게 성장했고 많은 국내 기술자들이 중동으로 향했다. 한진 역시 건설 쪽에도 진출한 상태였기에 중동 출입이 잦았다.

'그래, 중동으로 가는 길을 개척해보자.'

정식으로 중동 취항을 시작하기에 앞서 한진은 중동 건설 현장에 취업하는 직원들을 실어 나르는 전세기(세를 내고 빌려 쓰는 비행기) 편을 몇 차례 운항했다. 중동 운항에 대한 경험도 쌓고 그쪽 사정도 확인할 겸 시작한 것이다. 결과는 대만족이었다. 조중훈은 사우디아라비아로 비행기를 취항한다면 중동 노선에서 대성공을 거두리란 확신이 왔다.

일단 중동 쪽으로는 전혀 기반이 없었기에 먼저 직원들을 보내 유럽에서 그랬던 것처럼 중동 지역 10개국에 항공권 총판매 대리점을 지정했다. 그리고 아라비아반도에 있는 나라인 바레인에 영업소를 만들었다.

대한항공은 제일 먼저 바레인 취항을 서둘렀다. 그동안 전세기를 운항했던 경험을 인정받아 바레인 정부에서도 허락했다. 그렇게 중동 노선의 첫 신호탄을 올리게 되었고 중동 건설 열풍과 더불어 성공을 거두기 시작했다. 대한항공이 프랑스로부터 구입한 에어 버스 기종을 중동 노선에 투입해 우리나라 사람들이 서울과 중동을 오갈 수 있었다. 중동 노선은 시간이 지날수록 큰 인기를 누렸다. 서울-바레인 간의 노선은 중동 지역 10개국에 큰 영향을 미쳤고, 후에 중동 노선이 더 퍼져나갈 수 있는 계기가 되었다.

중동 노선이 개설되고 2개월도 지나지 않아 대한항공은 세계로 노선을

로드맵 2

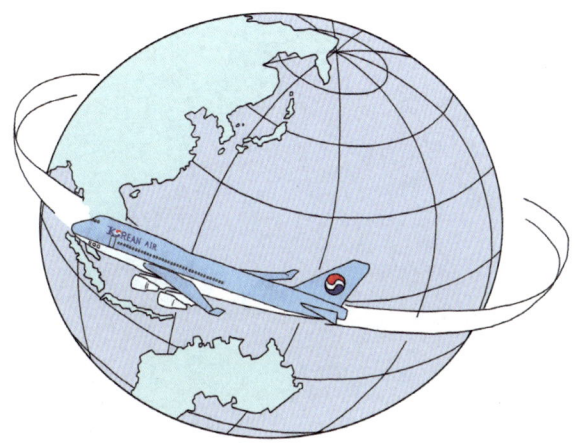

뻗어 나갔다. 서울에서 바레인을 거쳐, 스위스 취리히까지 하늘길을 연장시킨 것이다. 이로써 대한항공은 서울-파리 노선과 함께 스위스 취리히에서 중동을 거쳐 서울로 다시 돌아오는, 한국과 유럽을 원으로 연결하는 길을 열었다.

"길은 하나로 통하게 되어 있어. 아직 우리 비행기가 가지 않은 나라는 너무도 많네. 세계는 넓고 취항할 곳은 많아! 그곳이 촘촘히 연결되어야 비로소 길이 완성되는 거 아니겠나?"

하늘길에 대한 조중훈의 개척 정신은 쉴 틈이 없었다. 그의 그런 개척 정신 덕분에 대한항공은 민간 항공사로 시작한 지 수년도 되지 않아 세계의 주요 도시를 잇는 노선을 구축하고 항공 수송의 역사를 써 나가며 선진 항공사로 우뚝 성장했다.

조중훈의
성공법칙

사업은 타이밍이다!

　조중훈은 '사업은 타이밍이다'라는 말을 자주 했다. 그는 사업에서 적절한 때를 놓쳐서는 안 된다고 여겼다. 항공사를 인수하고 항공 수송을 시작할 때만 하더라도 손해 보는 장사를 한다며 주변에서 만류했다.

　물론 그 역시 당장 손해가 있다는 것은 알았지만 그는 한걸음 더 나아가 미래를 바라보았다. 분명히 항공 수송의 시대가 올 것이고 그 시대가 왔을 때 준비된 자가 승리할 거란 믿음이 있었다. 그렇기 때문에 항공사를 인수하는 타이밍을 조금 일찍 잡은 것이다. 그 결과, 이후 항공 수송의 시대가 왔을 때 대한항공은 그간의 노력과 시행착오를 바탕으로 앞서 나갈 수 있었다.

　또한 항공사로서 세계의 주요 도시를 잇는 노선을 개척하는 것도 시점을 잘 맞춰 성공할 수 있었다. 미국으로의 취항, 유럽 노선 개발도 그가 적절한 시점에 기회를 놓치지 않았기에 성공할 수 있었던 일들이다. 조중훈은 늘 세상이 돌아가는 흐름에 초점을 맞추고 있었기에 적절한 시기에 일을 추진했고 성공을 거두었다.

　타이밍을 잘 맞춘다는 것은, 그만큼 일의 앞과 뒤를 살핀다는 것을 의미한다. 적절한 때에 적절한 결정을 내리기 위해서는 한걸음 뒤로 물러나 전체적인 것을 살펴보는 마음가짐도 필요하고, 확신이 섰을 때 밀어붙이는 추진력도 필요하다. 전체 그림을 바라보는 여유와 빠른 결단은 서로 다른 말 같지만 동전의 앞뒤처럼 함께 가져야 할 자세라고 조중훈은 생각했다.

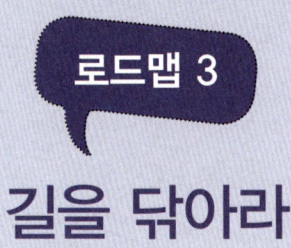

길을 닦아라

세계는 여러 갈래의 길을 통해
하나로 움직이고 있습니다.
바닷길은 앞으로 무척 중요한 수송 수단이 될 것입니다.

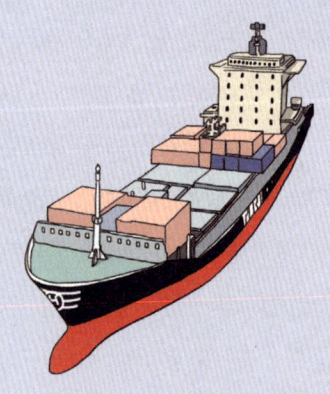

로드맵 3

땅길, 하늘길, 바닷길이 하나로

바닷길에 대한 꿈

"철썩, 철썩."

조중훈은 바닷물이 철썩거리며 부딪히는 소리를 들을 때면 가슴이 뛰곤 했다. 바다는 그에게 고향과도 같았다. 그가 처음으로 꿈을 갖게 된 것도 바다를 통해서였다. 또한 수송업을 처음 시작한 곳도 항구 도시인 인천이었다. 여러모로 바다는 그와 인연이 깊은 곳이었다.

땅길과 하늘길을 닦아온 조중훈이 또 하나 관심을 쏟은 부분이 있었다. 바로 바닷길이었다. 바다를 통한 수송업은 아주 오래전에 계획하여 시도해 본 일이기도 했다.

1966년 한진상사가 한창 베트남에서 수송업으로 성공 가도를 달리고 있을 즈음, 조중훈은 베트남의 퀴논항에서 인상 깊은 장면을 목격했다. 당시 퀴논항에는 철도 기관차만큼 큰 컨테이너(화물 운송에 쓰이도록 쇠로 만든 큰 상자)를 잔뜩 실은 미국의 화물선 한 척이 항구에 묶여 있었다. 한진상사는 그 화물선에서 내려놓은 물건을 트럭에 싣고 수송을 하는 일을 맡았기에 화물선에서 물건이 내려지는 과정을 지켜보곤 했다.

화물선에 있는 큰 컨테이너들은 특수 크레인에 매달린 채 척척 옮겨졌다. 컨테이너 한 개의 무게는 30~40톤, 이것을 배에서 들어 올려 부두로 옮기는 데는 불과 2분이란 시간이 채 걸리지 않았다. 그 정도 무게라면 12명의 작업자가 한 시간 동안 작업해야 겨우 옮길까 말까 한 양이었다. 게다가 컨테이너째 들어 화물을 옮기다 보니 물건을 따로 모으고 분리하는 과정 없이 통째로 트럭에 실으면 그만이었다.

40톤이나 되는 거대한 컨테이너들이 손쉽게 옮겨지는 과정을 지켜보던 조중훈은 왠지 가슴이 뜨거워짐을 느꼈다.

'아, 저것이 바로 해상 운송(배로 사람 또는 화물을 실어 나르는 일)의 혁명이구나. 육로는 장애물이 많다. 하지만 바닷길은 무한하다. 저 어마어마한 양의 화물들을 한꺼번에 실어 나를 수 있는 해상 운송이야말로 우리의 미래 사업이다.'

몇 시간 동안 그 작업을 지켜보던 조중훈은 한 가지 큰 결심을 했다.

"화물선 한 척을 구입했으면 하네."

일단 화물선을 한 척 구입한 뒤 그것으로 먼저 작게나마 해상 운송을 해 볼 생각이었다. 그 당시 한진은 아직 대한항공을 인수하기 전이었기에 베트남에서 벌어들인 돈을 투자할 수 있었다.

이후 한진은 1만 2,000톤 급의 화물선 한 척을 사들였다. 그리고 1967년,

로드맵 3

2억 원을 투자해 '대진해운'을 설립했고 바닷길을 이용한 수송을 시작했다.

조중훈은 트럭 한 대로 한진상사를 시작했듯이, 노르웨이로부터 구입한 화물선인 '오대호'로 시작을 알렸다. 오대호는 미국의 서부 항로를 운항하며 화물을 실어 날랐다. 그러나 오대호는 컨테이너 수송 시스템을 갖춘 화물선이 아니었다.

"앞으로 해상 운송은 컨테이너를 이용한 수송이 될 걸세. 생각 같아서는 우리도 당장 그렇게 하고 싶지만 아직까지 그런 시설을 갖추고 있지 못하니 그게 안타까울 뿐이네."

조중훈은 해상 운송에서 획기적인 방법이라 할 수 있는 컨테이너 수송을 꼭 해보고 싶었다. 그러려면 배도 필요했지만, 무엇보다 컨테이너선(컨테이너를 운송할 수 있도록 만들어진 전용 선박)을 접안(선박을 안벽이나 육지에 댐)시킬 수 있는 부두 시설이 갖춰져야만 했다.

　인천항은 수도인 서울과 가까워 지리적으로 유리한 조건을 가지고 있었지만 조수 간만의 차가 크다는 단점이 있었다. 썰물과 밀물의 차이가 커 몸집이 큰 선박은 안벽(선박을 안전하게 접안할 수 있도록 부두에 수직으로 쌓은 벽)에 접안시키기가 힘들었다.

　때마침 정부에서는 인천항을 대대적으로 개발하고 시설을 늘리겠다는 계획을 발표했다. 한창 국가경제를 발전시키고자 하던 때였으므로 더불어 수송업에 대한 필요성을 크게 느낀 것이다.

　정부의 계획은 인천항에 갑문식도크(enclosed dock, 조수 간만의 차가 큰 항만에 물 높이를 조절할 수 있는 갑문 등 대형 선박이 오고 갈 수 있도록 만든 시설)를 들이는 것이었다. 만약 계획대로 인천항이 개발된다면 그동안 출입하지 못했던 컨테이너선도 자유롭게 출입할 수 있을 터였다.

　그런데 열악한 인천항의 시설을 새롭게 건설하려면 어마어마한 돈이 필요했다. 정부에서도 엄청난 공사 비용을 모두 댈 수 없어 민간 기업의 투자를 추진했다.

　그때 거론된 기업이 한진이었다.

　"인천항을 새롭게 건설하려고 하는데 필요한 자금이 200억 원입니다. 한진이 투자에 참여해주었으면 합니다만, 어떠십니까?"

　한진으로서는 해볼 만한 가치가 있었다. 조중훈은 적지 않은 금액이었지만 해상 수송의 혁명을 앞당긴다는 생각에 투자를 결심했다.

로드맵 3

"좋습니다. 앞으로 20~30년 먼 미래를 내다보고 기꺼이 투자하겠습니다."

그 당시 해상운송을 하는 기업들 사이에서는 부두 건설 개발에 대해서는 그다지 좋은 전망을 하지 않았다. 아무리 앞으로 컨테이너 수송의 시대가 온다고 할지라도 지금 당장 무리한 투자를 하는 것은 불안하다고 생각했기 때문이다. 그런데 업계의 선두 주자인 한진에서 선뜻 투자하겠다고 나서니, 다른 기업에서도 서둘러 투자를 신청하기 시작했다.

인천항이 새로운 시설로 거듭나는 동안 한진은 육상 수송업을 함께하며 동시에 많은 일들을 진행시켰다. 베트남전쟁을 통해 회사를 키우면서 대한항공을 인수했고 땅길과 하늘길에서의 수송에 박차를 가했다. 그러는 동안 해상 운송도 조금씩 성과를 얻고 있었다.

인천항의 부두가 새롭게 건설될 즈음, 대진해운은 일본 조선소를 통해 컨테이너선을 주문했다. 대진해운의 첫 번째 컨테이너선인 '인왕호'는 부산과 일본의 항구 도시인 고베(Kobe)를 오가며 수송업을 시작했다.

"사장님, 대성공입니다! 확실히 컨테이너선을 이용하니 시간도 훨씬 줄고 비용도 적게 듭니다."

조중훈의 예감은 적중했다. 대진해운은 바닷길을 통한 해상 운송을 시작한 지 불과 2~3년 만에 매출이 10배 이상 뛰는 성과를 거두었다.

그리고 1974년 부두 공사가 마무리되면서 많은 이들이 지켜보는 가운데 인천항은 새로운 모습을 드러냈다.

지금의 인천항이 있기까지 많은 이들의 노력이 있었지만, 그중에 한진그룹이 기여한 몫도 상당하다. 물론 그로 인해 한진이 해상 운송의 혁명을 앞당길 수 있었지만 국가를 먼저 생각하는 마음으로 인천항을 현대화하는 데 도움을 주었다는 점에서 조중훈의 바다를 향한 꿈은 더욱 값진 것이었다.

좌절 속에 핀 한진해운

"뭐? 아니 그 정도밖에 실적을 못 올렸단 말이야?"

조중훈은 몹시 실망한 모습이었다. 아무래도 무리하여 사업을 확장시킨 것이 문제였다. 1974년, 바닷길의 꿈을 품고 시작한 대진해운은 해운 수송업의 성장과 함께 매출이 큰 폭으로 오르며 상승세를 탔다.

그러나 호사다마(好事多魔, 좋은 일 가운데에는 나쁜 일도 섞여 있음)라고 했던가. 좋은 일 뒤에 나쁜 일이 따랐다. 1974년, 국제 사회를 뒤흔드는 큰 폭풍이 일었다. 중동 지역에서 일어난 분쟁으로 석유 생산국이 파업을 일으킨 것이다. 한차례 석유 파동이 일어나면서 전 세계가 혼란에 빠졌다.

선박이나 항공은 기름이 주 연료원인데 기름값이 하루가 다르게 치솟은 것이다. 차라리 운항을 하지 않는 게 나을 정도로 상황은 날이 갈수록 심각해졌다.

더 큰 문제는 다른 곳에 있었다. 대진해운이 운송 외에 다른 분야로 사업을 확장시킨 것이다. 그들이 진출한 것은 원양어업(먼 바다에 배를 타고 나가 수산물을 잡거나 채취하는 어업)이었다. 화물 수송업도 선박을 이용하는 것이니 원양어업도 무리 없이 할 수 있겠다고 잘못 계산한 것이다.

대진해운은 스페인에서 원양어선을 들여와 조업을 함께했다. 그러나 수산업은 운송업과는 구조가 많이 달랐다. 운송업과 다르게 수산업은 자연의 영향을 너무 많이 받았다.

상황은 점점 나쁘게 변해갔다. 기름값은 날이 갈수록 치솟고 실적은 좋지 않아 적자를 반복했다. 대한항공도 항로는 개척했지만 기름값을 감당하지 못해 어려운 상황이었다.

조중훈은 결단을 내려야 했다. 땅길, 하늘길, 바닷길을 모두 아우르는 수송의 꿈을 가지고 꿈의 지도를 그려나갔지만 지금은 적당한 시기가 아니라는 판단이 섰다.

"이대로 무리해서 가다가는 모두 한 번에 망할 수도 있습니다. 아쉽지만 대진해운은 이쯤에서 해체해야겠습니다."

조중훈은 착잡한 심정으로 직원들에게 대진해운의 해체를 선언했다. 그렇게 대진해운은 역사의 한 페이지로 사라지는 듯했다. 하지만 조중훈이 바닷길을 완전히 포기한 것은 아니었다. 그는 바다로의 꿈, 해운 수송의 혁명을 언젠가 반드시 이루겠다는 의지를 굳혔다.

"여러분, 지금은 상황이 좋지 않아 해체하지만 언젠가 한진그룹은 해상 운송의 선구자가 될 겁니다."

잠시였지만 대진해운을 운영했던 경험으로 조중훈은 값진 재산을 얻었다. 컨테이너선을 이용한 수송에 대한 큰 확신을 얻을 수 있었다.

'앞으로 한진은 컨테이너선 전용 해운 회사가 될 것이다.'

이후 조중훈은 바다의 꿈을 실현할 기회를 계속 찾았다. 다행히 이후 석유 파동이란 큰 파도를 잘 넘기며 경영이 정상화가 되었고, 그는 컨테이너 전용 회사를 설립하겠다는 결심을 굳혔다.

한진그룹 해운사의 설립을 준비할 즈음, 조중훈은 또 한 차례 대통령과 만남을 가졌다.

"어서 오세요. 대한항공이 지금 세계 여러 도시에 취항하면서 나라의 위상을 높여주고 있어 고맙게 생각합니다."

"그저 할 일을 하고 있을 뿐입니다."

박정희 대통령은 조중훈과 수송업에 대한 이야기를 나누며 그를 격려했다. 박 대통령은 해상 운송업에 대한 당부도 잊지 않았다.

"조 회장, 항공 사업이 어느 정도 안정되었으니, 항공 사업에서 쌓은 경험을 살려 우리나라 해운업 발전에도 힘을 쏟아주세요."

대통령 역시 해운업이 함께 발전해야 함을 알고 있었다. 대통령의 격려에 조중훈은 해운업에 대한 계획을 조금 앞당겼다. 그의 구상은 이랬다.

'우리에게는 그동안 해운사를 운영하며 쌓은 경험이 있다. 또 인천항에 컨테이너 부두가 설립되었으니 시설은 다 갖춰진 셈이다. 또 국내 해운 수요도 해마다 늘어나고 있으니 다시 해볼 만하다!'

그렇게 하여 1977년 5월, 컨테이너 전용 해운사인 '한진해운'이 설립되었다. 비록 첫 번째 도전에서는 실패했지만 조중훈은 좌절하지 않고 다시 도전했다. 처음엔 지더라도 나중에 이기면 된다고 생각했기 때문이다.

국내 최대 해운 회사의 출항

"1만 8,000톤 급 컨테이너선 4척을 주문하게."

"네, 그런데 회장님…. 우리나라에서 만드는 배가 아직까지는 그리 성능 면에서 좋다고 할 수 없을 텐데요…."

"그럼 어떡하나. 국내 조선소에서 배를 만들어야 한다는 조건이 있는데 말일세. 한번 해보자고."

당시 해운업을 하는 데 한 가지 조건이 있었다. 국제적으로 어깨를 나란히 하기 위해서는 국내 조선소에서 건조(배를 설계하여 만듦)하는 선박을 써야 한다는 조건이었다. 하지만 그때까지만 해도 우리나라에서 배를 만드는 조선업은 시작 단계에 불과했다. 그러니 국내 조선사에서 만드는 배의 성능을 100퍼센트 신뢰하기 어려웠다.

하지만 조중훈은 국내 조선업에 대한 믿음이 있었다. 그는 망설이지 않고 울산에 있는 '현대조선소'에 4척의 컨테이너선을 주문했다. 그리고 얼마 뒤 한진해운은 새로 건조한 선박을 가지고 수송업을 시작했다.

"회장님, 생각만큼 성적이 그리 좋지 않습니다."

"그래? 그래도 버틸만한가?"

"겨우 유지하는 정도입니다. 새로 만든 배가 있지만, 원래 보유하고 있는 배가 너무 오래된 데다 비경제적이라서 어려움이 있습니다."

"흠… 그래도 어쨌든 일단 시작했으니 해볼 때까지 해보자고. 무슨 수가 생길 테니."

한진해운은 바닷길 개척에 온 힘을 쏟았다. 먼저 미국의 북쪽 해안선을 돌아오는 북미 서안으로 컨테이너선을 취항하다가 미국의 동쪽 해안선까지 컨테이너선 6척의 취항 노선을 넓혀갔다. 한진그룹은 그렇게 10여 년을 지키며 해운업을 이끌었다.

좋은 일만 생긴 것은 아니었다. 그즈음 해운 회사가 많이 생겨나 그들 사이에 경쟁이 너무 심해졌다. 이후 한진해운도 적자와 흑자를 넘나드는 불안한 상황이 이어졌다.

그렇게 해를 거듭하던 어느 날이었다.

"조 회장님, 한 가지 말씀드릴 게 있습니다."

갑작스럽게 정부 관계자로부터 연락을 받은 조중훈은 '뭔가 어려운 부탁을 하려고 하는구나' 하고 짐작하였다. 과연 짐작이 옳았다. 재무장관은 조중훈에게 해운 회사 한 군데를 인수해달라는 부탁을 하였다. 그 회사는 당시 국내 최대의 해운 회사였던 '대한선주'였다.

"대한선주요?"

"네, 조 회장님도 아시다시피 대한선주는 나라에서 경영하다 민간 기업에 넘어가면서 만들어진 회사가 아닙니까? 그런데 요즘은 거의 버티지 못할 지경인 것 같습니다."

"예, 저희도 사정은 알고 있습니다. 그런데 지금 같은 시기에 부실 회사를 인수하라니… 저희도 입장이 난감합니다."

"요즘 해운업이 모두 불황(경제 활동이 일반적으로 모두 침체되어 있는 상태)인 건

로드맵 3

잘 알고 있죠. 하지만 우리나라 최초 민간 해운 기업이 무너져서야 되겠습니까?"

간곡한 부탁이 이어졌다. 1980년대 들어서면서 나라 전체의 경제는 발전했지만, 해운업 쪽의 사정은 그리 좋지 않았다. 특히 대한선주는 심각한 문제를 안고 있는 회사였다.

조중훈은 고민하다 회사 간부들에게 이야기를 꺼냈다.

"정부에서 대한선주 인수 건을 부탁해왔습니다."

"아휴 회장님, 그건 절대 안 됩니다. 지금 그 회사는 자금 상황이 아주 안 좋습니다. 주거래 은행에서 자금 관리에 들어간다고 해요. 저희도 사정이 좋지 않은데 이 상황에서 대한선주까지 맡게 된다면 모두 같이 망합니다."

회사 간부들은 인수 건에 대해 난색을 표했다. 그도 그럴 것이 대한선주는 부도가 나기 직전이었다. 세계적인 석유 파동으로 해운업이 전체적으로 큰 타격을 받은 데다가 해운 회사들 간의 과한 경쟁으로 운임(물건을 운반해주고 보수로 받는 돈)이 하락하면서 회사 사정이 계속 나빠지고 있었다.

특히 한진해운이 취항하던 항로를 대한선주에서도 취항하고 있었는데 수지(거래 관계에서 얻는 이익) 타산이 맞지 않아 운항을 멈춘 상태였다. 그러다 보니 한진해운이 그 공백을 메워주고 있는 실정이었다. 여러모로 보아 인수는 무리라는 판단이 섰다.

"미안하게 됐습니다. 현재 한진해운도 불황을 견디기 위해서 허리띠를 졸라매고 있는데 대한선주까지 인수한다면 회사가 휘청거립니다."

"그래도 대한선주는 국내 최고의 해운 회사인데 이 회사가 무너지면 우리나라 경제 전체에 타격이 이만저만이 아닙니다. 그 큰 회사가 무너지면 그 밑에 있는 하청 업체들이 얼마나 많이 무너지겠습니까. 다시 생각하실 순 없겠습니까?"

"…."

이후 인수에 대한 제안은 두 번이나 계속되었고, 조중훈은 계속 거절하였다. 조중훈의 마음도 편치 않았다. 그리고 여러 날이 지났다. 그의 마음속에 대한항공을 인수할 때가 떠오르며 나라 경제 전체를 바라봐야 한다는 사명감이 다시 끓어올랐다.

그러던 차에 다시 한 번 대한선주를 인수해달라는 세 번째 부탁을 받았다. 조중훈은 또 한 번 깊은 고민에 빠졌다. 이젠 정말 결단을 내려야 했다.

'그래도 내가 종합 수송 업체를 대표하는 사람이 되겠다는 꿈을 가진 사람인데 너무 계산만 하고 있는 건 아닌가? 어차피 나라 경제가 흔들리면 우리 기업이 살아남은들 무슨 소용이 있겠는가….'

결국 조중훈은 대한선주를 인수하는 것으로 결정을 내렸다. 그리고 이후 한진해운은 4,000억 원이란 어마어마한 빚을 떠안고 대한선주를 인수했다. 겉으로 볼 때는 규모 면에서 국내 최고의 해운 업체가 되었지만 내부적으로 볼 때 그리 좋은 것만은 아니었다.

하지만 조중훈은 마음을 다잡고 1987년 11월, 새롭게 시작하는 한진해운의 직원들이 모인 자리에서 의지를 밝혔다.

"이제 한진해운은 우리나라 해운 산업 발전에 헌신하겠다는 사명을 안고 시작합니다. 두 회사가 하나로 합해진다는 것은 쉽지 않은 일입니다.

로드맵 3

땅길, 하늘길, 바닷길이 하나로

그러나 우리는 해낼 것입니다. 우리는 대한선주의 노후한 선박과 부채를 인수한 것이 아닙니다. 그동안 우리나라 해운을 이끌어왔던 직원들의 경험과 기술력을 믿고 인수를 결정한 것입니다. 세계는 여러 갈래의 길을 통해 하나로 움직이고 있습니다. 바닷길은 그런 점에서 무척 중요한 수송 수단이 될 것입니다. 우리의 미래는 밝습니다!"

이로써 한진그룹은 땅길과 바닷길, 하늘길을 전부 아우르는 국내 최고의 종합 수송 업체로서 모든 준비를 완벽히 갖추고 전진해나갔다.

로드맵 3

물류의 새 역사를 쓰다

한진이 만든 배로 바닷길을 열다

"어디 보자. 이 배의 이름은 '정석호'가 좋겠군."

한진해운을 시작한 뒤 일본 조선사에서 컨테이너 전용선을 인수했을 때 조중훈이 배에 붙인 이름이다. 그는 '정석호'라는 이름을 지은 뒤 배에 직접 친필(손수 쓴 글씨)로 이름을 썼다. 그의 '배 이름 짓기'는 이후로도 계속되었다.

"우리 대한민국이 아직은 전 세계에 잘 알려져 있지 않으니 하늘 위와 바다 위에서 한국을 알리는 역할을 해야 하지 않겠어?"

조중훈은 우리나라를 알리고 싶은 생각에, 선박에다 '서울호', '인천호'와 같은 국내 주요 도시의 이름을 붙였다. 이 선박들은 세계 각지를 누볐다. 국내 주요 도시의 이름을 다 붙인 다음에는 '뉴욕', '롱비치', '지룽', '사바나' 등 한진해운이 취항하는 세계 각 지역의 기항지(배가 목적지로 가는 도중에 잠시 머무르는 항구) 지명을 사용했다. 한국의 도시도 알리고 외국 기항지도 알려 교류를 돈독히 하고자 한 것이다.

그러나 새롭게 시작한 한진해운이 해결해야 할 문제 역시 선박이었다. 그가 처음 시도한 일은 낡고 오래된 선박들을 처분하는 것이었다.

"경제적이지 않은 선박은 모두 처분하세요."

아무리 선박을 많이 가지고 있다고 하더라도 그것이 모두 재산은 아니었다. 어떤 것들은 오히려 짐이 돼 처분하는 게 나았다. 이후 한진해운은 사업성이 없다고 판단된 비경제적인 선박은 과감히 처분했다. 물론 그 배들을 사들일 당시 가격에 비해 턱없이 부족한 금액을 받았지만 때론 손해를 감수하는 게 나중을 볼 때 이익이었다.

"이제 새로운 선박을 들여오게."

조중훈은 신형 선박 구매를 서둘렀다. 많은 돈이 들어갔지만 과감히 투자를 했다. 또한 한진해운의 규모가 커지면서 화물을 싣고 움직이는 길인 운항 노선 역시 넓어졌다. 조중훈은 이를 합리적으로 조정할 필요성을 느꼈다.

"운항 노선은 계획을 잘 짜는 것이 중요하네. 가능한 주요 도시와 협상해서 정기적으로 운항하는 노선으로 바꾸도록 하시오. 그리고 해운업은 국내보다는 해외 활동이 위주가 되어야 하네. 세계적인 네트워크를 구성할 수 있는 길을 찾아보게."

그는 이렇게 경영에 신선한 제도를 도입하며 폭발적으로 회사를 성장시켰다.

로드맵 3

그즈음 조중훈은 직접 선박을 만드는 일에 대한 의지를 불태우고 있었다.

'선박에 화물을 싣고 수송하는 일을 제대로 하려면 성능 좋은 선박이 반드시 필요하다. 가장 좋은 선박을 우리가 직접 만든다면?'

한진해운은 해상 운송업을 안정적으로 이어가고 있었다. 그와 함께 배를 만드는 조선업을 겸한다면 더욱 금상첨화일 것이라는 생각이 들었다.

'그런데 우리는 뭔가를 만드는 제조업 분야에서는 한 번도 경험이 없는데…. 과연 그 일이 가능할까?'

조중훈은 고민을 거듭했다. 아무것도 없는 상태에서 도전하기보다 제조업체를 인수한다면 수월할 듯 싶었다. 마침 선박을 만드는 회사인 '대한조선공사'가 회사를 팔겠다고 나섰다.

대한조선공사 역시 경영의 어려움 때문에 법으로 관리를 받고 있는 상황이었다. 이 회사는 선박을 제조하는 업체로 우리나라에서 가장 오래된 조선소였다. 그런데 조선 업계에도 불황이 닥치면서 경영이 어려워졌고, 노르웨이로부터 주문을 받아 완성한 배 6척이 인수를 거절당하는 바람에 거의 부도 직전이었다.

"우리가 입찰(상품을 사고팔거나 하는 등 계약을 할 때 이를 희망하는 사람들에게 각자의 낙찰 가격을 결정하여 제출하게 하는 일)에 한번 나가보세."

당시 해운과 조선업 모두 상황이 좋지 않았기에 대한조선공사를 사겠다고 나선 기업이 별로 없었다. 그러다 보니 마지막까지 입찰에 응한 기업은 한진과 '진로그룹'뿐이었다.

"어떤가? 우리에게 유리하겠어?"

물류의 새 역사를 쓰다 97

"아무래도 그럴 것 같습니다. 진로는 배를 만드는 중공업(제철업, 조선업 등 무거운 물건을 만드는 공업)과는 전혀 관계가 없는 기업이기 때문에 우리가 조건이 더 낫습니다. 입찰 가격만 잘 제시하면 될 것 같습니다."

"그래, 우리는 해운업을 하고 있고 조선업과 연관도 있으니 반드시 성공할 수 있을 것이네."

입찰 가격은 862억 원이었다. 대한선주를 인수하며 떠안은 4,000억 원의 부채에 900억 원에 달하는 입찰 가격까지 더해져 한진에 큰 부담이 되었다. 그러나 때론 과감한 투자가 필요한 때가 있다는 생각에 조중훈은 과감히 결단을 내렸다.

그리고 얼마 뒤에 반가운 소식이 들려왔다.

"회장님! 조선공사 인수에 성공했습니다."

"됐어! 이제 배도 만들 수 있게 됐으니 그 배로 바다를 나가보자고."

인수가 결정되고 나니 한진해운의 청사진이 더욱 뚜렷하게 그려졌다. 이미 한진해운에는 대한선주 인수 이후 많은 수의 선박을 가지고 있었다.

하지만 10년 이상된 중고 선박이 대부분이었다. 많은 선박을 가지고 수송을 하다 보면 선박을 수리하고 교체하는 일들이 늘 골치였는데 이제는 해결책을 찾은 셈이다. 조선소를 잘 활용하여 이러한 문제들을 자체적으로 해결할 수 있었고 덕분에 다른 비용을 절약할 수 있었다.

한진은 이제 명실공히 선박 건조까지 가능한 해상 운송 업체가 되었다. 물론 대한선주와 조선공사를 인수하면서 다른 회사를 하나의 회사로 아우르는 데에는 많은 노력이 필요했다. 그러나 조중훈은 예전에 대한항공을

로드맵 3

인수할 때와 마찬가지로 모두가 한 마음으로 회사를 위해 일할 수 있도록 화합할 수 있는 환경을 만들었다.

그리고 각 회사를 효율적으로 운영하기 위한 방법을 찾아나섰다.

"선박 만드는 데 있어서 철판이 가장 중요한데, 지금 방식으로는 너무 시간도 오래 걸리고 비효율적이지 않나?"

"맞습니다. 자동으로 철판을 절단하는 시스템이 있으면 좋긴 합니다만…."

"내가 알아보니까 컴퓨터 방식의 철판 절단기가 있다던데."

"아니, 그걸 어떻게 아십니까?"

"그 정도도 모를까봐? 이번에 컴퓨터 방식 철판 절단기를 구매할 테니 효율을 높여보자고."

한진은 현장에 필요한 최신 시설을 제때 사들여 생산성을 높이는 노력을 거듭했다. 그러던 가운데 조선공사의 상호를 '한진중공업'으로 바꾸었다.

그렇게 한진중공업이 탄생한 지 1년이 지났을 때, 한진중공업은 대형 선박인 '한진 카오슝 호'를 세상에 선보였다. 한진 카오슝 호는 바닷길을 열며 한진의 해운업을 도왔고 세계 주요 도시를 누볐다.

1990년 한진 카오슝 호를 시작으로 한진중공업은 이후 선박 제조의 신기술을 선보이며 새로운 선박을 만들어냈고 한진그룹의 중요한 기업체로 성장했다.

뻗어가는 해상 운송

"됐어. 협상 끝났어."

"어떻게 됐습니까? 된답니까?"

"될 거야."

조중훈의 얼굴 전체에 미소가 번졌다. 바깥에서 기다리던 직원들은 의아했다. 아무리 배짱 두둑한 회장이라고 해도 제대로 의사소통도 되지 않은 프랑스 사람과 일대일로 면담이라니, 한진그룹 측에서는 대단한 모험이었다. 그런데 면담을 성공시켰다니 무슨 일인가 싶었다.

그렇게 30여 분이 흘렀다.

"회장님, 프랑스 조선 회사 측에서 기술을 이전해주겠답니다."

"와아아!"

한바탕 탄성이 터져 나왔다. 함께 자리에 참석한 직원들은 모두 박수를 치며 서로를 얼싸안았다.

"아니 회장님, LNG(액화천연가스) 운반선에 대한 기술 협상을 어떻게 하신 겁니까?"

"하하, 그야 다 인연이 닿았으니 되는 거지. 우리가 과거에 그 사람들을 도와준 적이 있었으니 우리도 도움을 받게 된 것이 아닌가!"

직원들은 그의 이야기에 고개를 끄덕였다.

1990년대에 들어서면서 한진그룹은 한진중공업의 성장에 힘을 기울였다. 해운업에서는 효율적인 선박을 보유하고 있는 것이 관건이었기 때문이다.

로드맵 3

세계는 하루가 다르게 신기술을 만들어내고 있었고 그것은 조선업도 마찬가지였다. 1990년대 세계 조선 업계에서는 앞으로 바다를 이끌어갈 선박에 대한 관심이 집중되었다. 그 가운데 최고의 관심을 받은 선박이 LNG 운반선이었다. 차세대 연료로 손꼽히는 액화천연가스를 운송하는 전용 선박으로, 부가 가치가 높았다.

한진 역시 LNG 운반선에 관심을 모았다.

"우리도 LNG 운반선을 만들어야 하지 않겠어?"

"회장님, 우리나라 조선업이 성장하고 있다고는 하지만 아직은 선진 기술을 가지고 있지 못하는 실정이라 외국에서 기술을 배워와야 합니다. 현재 프랑스 조선 회사에서 그 기술을 보유하고 있습니다."

"그럼 협상을 해보면 되지 않겠나?"

"그렇긴 하지만 워낙 부가 가치가 높은 선박이다 보니 기술을 알려주려고 하지 않습니다."

"그래? 그럼 내가 해보지."

"네?"

한진중공업 직원은 회장의 태도에 의아해했다. 아무리 그룹의 회장이라지만 기술적인 면까지 어떻게 해결하겠다고 하는지 궁금했다.

그렇게 호언장담하고 난 다음 날, 조중훈은 프랑스행 비행기에 올랐다. 그리고는 프랑스 조선 회사 사장을 찾아갔다.

"회장님, 그래도 저희가 같이…."

"아니, 일대일로 면담하고 오겠네."

통역하는 사람도 없이 조중훈은 면담에 들어갔다. 그렇게 30분이 지난 뒤, 미소를 띠며 조중훈이 나타났다. 그리고 선박 건조 기술을 이전해주기로 했다는 소식을 전했다.

이후 한진중공업은 프랑스 조선 회사로부터 LNG 운반선을 만들 핵심 기술을 이전받았고 아시아에서 최초로 멤브레인선(일반 선체에 단열 시설을 설치해 천연액화가스를 극저온으로 얼려 운반하는 전용 선박)을 만들어 천연액화가스를 운반하는 데 성공했다. 한진중공업은 차세대 고(高) 부가 가치 선박인 멤브레인선을 통해 세계를 항해하며 더 큰 바다로 나아갔다.

한진중공업이 성장을 거듭할수록 사람들은 그날의 협상에 대해 많이 궁금해했다. 풀리지 않은 수수께끼처럼 여겨졌던 협상의 전말은 조중훈과 프랑스의 오랜 인연에서 시작된 것이었다.

20여 년 전 한진이 대한항공을 인수하고 한창 경영에 집중하던 시기, 정부로부터 프랑스 에어 버스 항공기를 구매해달라는 요청을 받아들인 것이 큰 도움이 되었다. 그 당시 한진은 어려운 가운데 그 요청을 받아들였고 그로 인해 프랑스 정부와 좋은 관계를 맺게 되었다.

LNG 운반선 건조 기술에 대한 협상을 하러 갔을 때도 그것이 큰 도움이 되었다. 당시 에어 버스 항공기 구매에 관여했던 정부 관계자가 흔쾌히 중간에서 나서준 것이다. 통역사도 없이 만난 자리였지만 그들은 마음이 통했고 이야기를 잘 풀어갈 수 있었다. 오래전 맺어둔 인연이 필요한 때 빛을 발한 것이다.

로드맵 3

굽히지 않는 수송 외길

한진이 여러 회사를 거느린 그룹으로 성장하면서 임원들 사이에서는 소위 '돈이 되는 사업'에 진출하자는 의견이 많았다.

"회장님, 다른 사업에 투자해보는 건 어떻겠습니까? 요즘 수송업 외에 부가가치를 지닌 사업 거리들이 참 많은데요."

"그런 말은 하지도 말게. 다른 사업이 좋은 거 나도 모르지 않네. 하지만 낚시꾼이 바다에 낚싯대를 여러 개 늘어놓는다고 모두 고기가 잡히지 않아. 하나에만 집중해야 뭐가 되든 된단 말이지."

일명 '낚싯대 이론'을 말하며 그는 수송업에 집중할 것을 강조했다. 그로 인해 '수송업' 하면, 모두가 '조중훈'을 손에 꼽았다. 이런 고집 덕분에 2000년대 들어서며 한진그룹은 대한항공을 중심으로 한진해운, 주식회사 한진 등 21개 계열사로 이뤄진 종합 수송 그룹으로 성장했다.

한진을 시작하게 만든 '주식회사 한진'은 육로를 통한 종합물류업으로 독보적인 기업으로 성장해 나갔고, 한진해운은 최고의 해운 수송 시스템을 갖추고 해운 물류의 새 길을 열었다.

특히 한진해운은 2000년대 들어서면서 보유한 선박이 123척이 넘어섰고 60개국 200개 도시를 기항하며 세계적인 해운사로 거듭났다.

2000년에는 새로운 밀레니엄 시대를 맞이해 대한항공에 경사스런 일이 있었다. 당시 열정적으로 한진그룹을 이끌어가던 조중훈의 장남 조양호의

로드맵 3

주도로 세계적인 항공회사들의 동맹체인 '스카이팀(SKY TEAM)'이 결성된 것이다.

"회장님, 조양호 회장이 주도한 스카이팀이 결성되었답니다."

"그래? 그거 참 잘 됐군. 드디어 우리나라 항공업도 세계와 어깨를 나란히 할 수 있겠구먼. 허허."

스카이팀에 가입하는 일은 쉬운 일이 아니었다. 많은 국가의 항공사가 있지만 경영 능력과 더불어 기술력 등 여러 가지 조건을 갖추어져야 가입이 가능했다.

대한항공은 다른 선진국에 비해 늦게 항공사를 시작한 후발 주자였지만 오히려 세계적인 항공사들을 한데로 모으고 동맹체까지 조직할 정도로 놀라운 성장을 보였다. 동남아에서도 꼴찌를 차지할 정도로 열악한 항공사가 30여 년 만에 세계적인 항공사가 된 것이다.

한진그룹은 하늘길을 여는 대한항공과 바닷길을 열어가는 한진해운, 육로 수송을 총괄하는 한진 등 물류 수송에 독보적인 기업으로 거듭났다.

트럭 한 대로 시작한 한진상사가 매출 24조 원이 넘는 세계적인 종합 수송 그룹으로 거듭나게 된 것은, 조중훈의 굽히지 않는 수송 외길에 대한 고집 덕분이었다.

기업을 이끌어가면서 위기도 수차례 있었다. 기름값이 갑자기 하늘 높은 줄 모르고 치솟는 바람에 선박과 비행기 운항을 중단해야 할 정도로 어려운 때도 있었다. 그로 인해 한진을 걱정하는 이들은 잠시 수송의 길을 접어두고 다른 사업에 시도해볼 것을 권하기도 했다. 그러나 그때마다 조중훈은 자신이 걸어야 할 길, 수송 외길에 대한 확고한 철학을 보였다. 불황일수록 오히려 공격적으로 투자하면서 위기를 기회로 만들었다.

 길을 개척하는 정신, 길을 통해 필요한 물자를 수송하겠다는 사명감 없이 돈을 따라 움직였다면 오늘날 한진그룹도 없었을 것이다. 오로지 수송 외길, 대한민국의 수송을 책임지겠다는 조중훈의 직업의식이 오늘의 한진의 영광을 만들었다.

조중훈의
성공법칙

처음엔 지더라도
나중에 이기면 된다!

    과정이 중요할까 결과가 중요할까. 어떤 이들은 노력한 과정이 더 중요하다고 여기기도 하며, 또 어떤 이들은 결국엔 결과가 모든 것을 말해주기 때문에 과정보다 결과가 중요하다고 말하기도 한다.

    조중훈은 과정과 결과를 모두 소중하게 여겼다. 그의 철학 중 하나가 '처음엔 지더라도 나중에 이기면 된다'였기 때문이다.

    나중에 이기면 된다는 말 속에는, 자신이 정한 일에 최선을 다하다 보면 언젠가는 좋은 결과를 가져올 수 있다라는 의미가 담겨 있다.

    조중훈은 처음에는 지는 일을 많이 했다. 해운업에 대한 꿈을 품고 시작한 대진해운은 좋은 성적을 내지 못한 채 해체되었다. 그러나 그는 그것이 끝이라고 생각하지 않았다. 넘어져도 다시 일어났으며, 넘어졌을 때의 경험이 긴 안목으로 볼 때 도움이 될 거라 생각했다. 그래서 해운업에 대한 꿈을 계속 손에 쥔 채 다시 기회를 기다렸고 기회가 왔을 때 놓치지 않았다.

    이처럼 실패에도 쉽게 주저앉지 않고 끈기 있게 계속 도전했기에 조중훈은 훗날 자신이 목표했던 것을 이룰 수 있었다.

2. 성공하는 CEO의 비상 원리

누구나 화려하게 비상(飛上, 높이 날아오름)하기를 원한다. 그러나, 아무나 비상할 수 없다. 새가 높이 비상하기 위해서는 수많은 날갯짓과 준비 작업, 그리고 과감한 결단이 필요하다. 모든 준비가 갖춰졌을 때 비로소 하늘 위를 화려하게 날 수 있는 것이다.

조중훈 역시 한진그룹이란 기업이 비상하기까지 수많은 선택과 집중을 해야 했다. 매번 가장 최선의 선택을 하기 위해 지켜온 경영 철학은 한진그룹의 고유한 기업 색깔이 되었고 선택한 것을 향한 집중은 한진그룹만의 힘이 되었다. 오늘날 세계적인 종합 물류 기업으로 날아오르기까지 놀라운 발전을 보여준 한진그룹만의 '비상 원리'를 알아보자.

선택과 집중의 철학

사회에서 잘 살아남기 위해서는 무엇보다 선택을 잘 해야 했다.
그는 자신이 무엇을 선택해야 할지 기준을 정했다.
'세상을 넓게 보자.
세상을 돌아보며 나만이 할 수 있는 일을 선택하자.'

원리 1

최선을 선택하라

무엇이 최선인가

팔 남매의 둘째 아들로 태어난 조중훈은 서울에서 유년 시절을 보냈다. 1920년대에는 우리나라가 일제 치하에 있었다. 거리에는 일본 사람들로 넘쳐났고 무슨 일을 하려고 해도 일본인의 간섭을 받았다.

조중훈은 어린 시절 비교적 부유한 가정에서 태어났다. 그의 아버지는 사업을 하며 집안을 이끌었는데, 덕분에 그는 유복한 환경 속에서 자랐다.

"뚝딱, 뚝딱."

"또 뭘 만드느냐?"

"아… 이게 어떻게 생겼나 궁금해서요."

어린 조중훈의 손에는 자그마한 기계 부속품들이 잔뜩 들려 있었다. 그 모습을 본 아버지는 싱긋 웃으며 아들의 머리를 쓰다듬었다.

"우리 둘째는 호기심도 참 많지!"

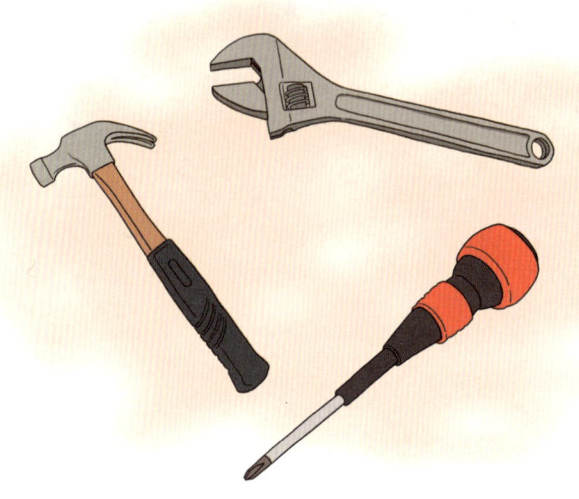

　유난히 호기심이 많았던 조중훈은 어린 시절 손에 든 기계는 다 분해해보아야 직성이 풀리곤 했다. 그런 모습을 보고 조중훈의 아버지는 혼을 내기는커녕 아들의 머리를 쓰다듬으며 오히려 격려하였다.

　조중훈은 시간 가는 줄 모르고 기계 부속품을 들여다보았다.

　'아, 이건 이렇게 생겼구나. 이 시계는 이렇게 초침이 움직이는구나. 어디 한 번 더 깊숙이 들여다보자.'

　그의 손에 부서져 나간 것들도 여러 개였다. 그러나 그런 호기심은 훗날 조중훈에게 창의적인 생각을 불어넣어 준 토양이 되었다.

　방정환, 나운영 등 유명한 인사들이 졸업한 서울 서대문구 미동초등학교를 졸업한 조중훈은 이후 명문 학교인 휘문고등보통학교에 입학했다. 그때까지만 해도 그는 자신의 인생이 어떻게 바뀔지 알지 못했다.

　어느 날이었다. 집안 분위기가 심상치 않았다.

원리 1

"어머니, 무슨 일 있어요?"

"중훈아… 아버지 일이 잘 안 되시나 보다. 아휴…."

아직 어린 10대였지만 조중훈의 눈에도 아버지가 하는 일에 문제가 생겼음을 알 수 있었다. 가정 형편은 급격히 기울었다. 좁은 집으로 이사를 가게 돼 여덟이나 되는 형제들과 한집에서 생활하는 게 거의 불가능했다.

'이대로는 안 된다.'

조중훈은 자신이 가야 할 길에 대해 거듭 고민했다. 그러던 어느 날 조중훈은 부모님께 자신의 결심을 말씀드렸다.

"어머니 아버지, 저 학교 그만두겠습니다. 대신 배 만드는 기술을 배워보겠습니다."

"아니, 나이도 어린 네가 어떻게…."

"지금 이대로는 아무것도 안 되겠어요. 대신 진해해원양성소에 들어가서 공부하면 바로 취직할 수 있으니 그렇게 할래요."

부모님은 그의 결정에 아무런 말을 하지 못했다. 너무나 어려워진 형편에 더 이상 아들의 공부 뒷바라지를 할 수 없었기 때문이다.

조중훈은 그길로 진해해원양성소로 향했다. 서울에서 진해까지 내려가면서 두려움이 없었던 것은 아니었다. 그도 '한 번도 경험해보지 못한 일을 해낼 수 있을까', '부모님 곁을 떠나 생활할 수 있을까' 하는 여러 가지 생각이 들었다. 그러나 주먹을 꼭 쥐며 다짐했다.

'그래, 어차피 조금 일찍 부모님 곁을 떠나는 것뿐이야. 해보자. 할 수 있다.'

어렸을 때부터 한번 결심한 것은 끝까지 굽히지 않고 해냈던 조중훈이었기에 자신의 선택을 믿기로 했다.

　진해해원양성소는 오늘날의 해양대학교처럼 배를 만들고 배 타는 기술을 알려주는 곳이었다. 조중훈은 그곳에서 완전히 새로운 세상을 만났다. 충분히 고민하고 선택한 일이었기에 후회하지 않았다. 특히 배에 대한 것을 배우는 일은 그의 호기심을 자극했다.

　'아, 배는 이렇게 만드는구나. 이런 부속품이 들어가면 이런 기능을 하게 되는 것이고!'

　알아갈수록 선박의 세계는 무궁무진했다. 그러다 보니 어느새 진해해원양성소를 마칠 시기가 되었다.

　"어머니 아버지, 전 일본으로 갈 생각이에요."

　"뭐라고? 굳이 왜 일본까지 가려고 하니?"

　"비록 우리나라가 식민지 치하에 있지만 그래도 일본이 우리보다 기술 면에서 발전한 나라잖아요. 뭘 배우더라도 더 나은 나라에서 배우는 게 얻을 게 많다고 생각해요."

　조중훈은 열일곱의 나이에 혈혈단신(孑孑單身, 의지할 곳 없는 외로운 홀몸)으로 아무 연고도 없는 일본행 배에 올랐다. 그는 흔들리는 배 안에서 자신의 인생의 지도를 그렸다.

　비록 어려워진 가정 형편으로 인해 학업을 중단했지만 오히려 그것을 통해 다른 기회를 얻게 됐으니 그것으로 충분했다. 이제 그는 완전한 사회인이 되었다. 사회에서 잘 살아남기 위해서는 무엇보다 선택을 잘 해야 했다. 그는 자신이 무엇을 선택해야 할지 기준을 정했다.

> 원리 1

'세상을 넓게 보자. 세상을 돌아보며 나만이 할 수 있는 일을 선택하자.'

일본으로 향하는 배에 오른 조중훈은 앞으로 펼쳐질 미래를 설레이는 마음으로 그려보았다.

남이 보지 못하는 것을 선택하라

"이봐! 이거 마무리 좀 해 놔."

"네!"

일은 무척이나 고되었다. 또 언제나 철썩거리는 파도와 싸워야 했다. 조중훈은 키는 작지만 다부진 체격으로 자신이 맡은 일을 척척 해나갔다. 성격도 원만하여 다른 이들과 관계도 좋았다.

일을 마친 그는 푸른 바다를 바라보며 앉았다. 선박 기술을 더 배우겠다고 건너온 일본에서의 생활은 수월하지 않았다. 식민지인 한국에서 온 청년을 향한 눈길은 곱지 않았다.

"어이! 일 제대로 못해? 감히 여기가 어디라고…."

괜히 트집 잡는 것은 예사였고 부당한 대우도 많이 당했다. 그럴 때마다 나라 잃은 슬픔과 서러움이 밀려왔다. 그때부터 청년 조중훈의 마음속엔 '반드시 나라를 되찾아 이 설움을 풀리라'는 의지가 싹텄다.

조중훈은 선박 회사를 다니면서 낮에는 일하고, 밤에는 독학으로 공부하며 열심히 생활했다. 그리고 그는 성실하게 선박 기술을 익혀 어느덧 선박 기술자가 되었다.

그러던 그에게 어느 날 배를 탈 기회가 생겼다. 중국뿐 아니라 동남아 지역을 항해하는 선박이었다. 드넓은 바다로의 항해는 이제 막 스무 살이 된 그에게 새로운 꿈을 품게 만들었다.

그가 탄 배는 중국을 거쳐 동남아 일대를 항해했다. 배 갑판 위에 앉아 바다를 바라보다 보면 그의 가슴이 뛰기 시작했다. 배 위에서는 조중훈도 식민지에서 온 청년의 취급을 받지 않았다. 그곳에서는 모두 똑같은 사람이었다.

그때만 하더라도 조중훈은 앞으로 무엇을 하겠다는 생각이 서지 않았었다. 다만 중국의 넓은 대륙과 끝없이 펼쳐진 바다를 바라보며 앞으로 엄청난 기회가 다가올 것이란 희망을 품었다.

그즈음 중국의 항구를 보게 되었다. 짐을 한가득 실은 큰 배가 바다를 오가는 모습은 장관이었다.

'아하, 바다도 중요한 길이 될 수 있구나. 저 길을 오가며 큰일을 하고 싶다.'

그는 막연하게나마 꿈을 품었다. 그렇게 바다를 경험한 뒤 그는 달라졌다. 그리고 하루빨리 고국으로 돌아가 일을 하고 싶다는 생각을 가졌다.

한국으로 돌아왔을 때 그의 나이는 20대 초반이었다. 고국의 상황은 아직 해방 이전이었다. 그가 먼저 선택한 일은 그 당시 교통 수단이던 목탄차의 부품을 만드는 일이었다. 넓은 세상을 본 뒤 그 세계를 상대로 일을 하고 싶다는 생각에는 다다랐으나 아직은 여력이 부족했다.

원리 1

 그는 가지고 있는 돈을 탈탈 털어 보링 기계 한 대를 마련한 뒤 공장을 차렸다. 공장은 그럭저럭 운영되었으나 얼마 못 가서 접어야 했다. 1945년 해방이 되고 나라가 안정되지 못한 상황에서 해방 정부는 기업들을 한꺼번에 정리하겠다는 의지로 기업정비령을 내렸고 그에 따라 보링 공장도 정리할 수밖에 없었다.
 조중훈에겐 오히려 좋은 기회였다. 그제야 그는 남들이 보지 못한 분야가 보이기 시작했다.
 '그래, 남들과는 다른 일을 선택하자. 남들과 같아서는 앞서 나갈 수 없다.'
 그 당시 다른 사람들은 당장 필요한 물품을 들여오는 일에만 혈안이 되어 있었다. 그러니 무역업에만 몰릴 수밖에 없었다. 하지만 조중훈은 남들이 생각지 못한 일을 바라보았다. 바로 수송이었다. 물자를 들여오는 일도 중요하지만 그것 못지않게 물건을 원하는 곳까지 가져다줄 업체도 반드시 필요했다.
 또한 중국 항구를 쉴 새 없이 오가는 화물선을 보며 수송업이 앞으로 얼마나 필요한지 깨달았기에 먼저 육상 운송을 선택하기로 한 것이다. 그렇게 마련한 것이 전 재산을 탈탈 털어 구입한 트럭 한 대였다.
 이어서 조중훈이 가장 신경 쓴 것은 일을 시작할 지역이었다.
 '남들이 생각지 못한 장소를 선택하는 게 중요해. 어디서 시작한다지….'
 그가 선택한 장소는 인천이었다. 이미 바다와 인연을 맺고 있었던 그였기에 인천이란 도시를 선택하는 일은 수월했다. 그는 직감적으로 인천이 앞으

최선을 선택하라

로 중요한 항구 도시가 되리란 것을 예상했다. 인천항은 수입항(다른 나라의 화물을 수입하는 항구)으로 발전되고 있었고, 지리적으로 볼 때 중국과 가까워 앞으로 중국 대륙과 교류가 이어진다면 유리한 곳이란 판단이 섰다.

그렇게 조중훈은 남들이 선택하지 않은 일을 선택함으로써 남들보다 앞서 나갈 수 있었다.

뜻을 세우면 길이 보인다

한진이 인천 지역에서 수송 업체로 알려지기 시작하던 때였다. 한진은 화물 수송업과 함께 버스 여객 사업을 시작했다.

1960년대 들어서면서 인천 지역은 경제가 조금씩 살아나면서 이동 인구가 많아졌다. 한진이 '한진관광'이란 회사를 만들고 버스 여객 사업을 시작했을 때 경쟁 회사들도 많았다. 그러나 그만큼 버스를 이용하는 승객들도 많았기에 서울과 인천을 오가는 버스는 항상 만원이었다. 승객들은 콩나물시루처럼 사람들이 가득 찬 버스에서 많은 불편을 겪었다.

그러던 어느 날, 정부에서 최초로 서울-인천 간 버스의 지정좌석제를 시행하겠다는 발표를 했다. 말하자면 지금의 버스 좌석제처럼 정해진 인원만 승차시켜서 사고의 위험도 줄이고 승객들의 불편도 줄이겠다는 것이었다.

대부분의 회사는 그 정책을 받아들이지 않았다. 그만큼 수입이 줄어드는

원리 1

것이었기 때문이다. 그러나 조중훈은 달리 생각했다. 멀리 내다봤을 때 지정좌석제는 언젠가는 해야 할 일이라는 판단이 들었다. 이왕 할 거라면 먼저 본보기를 보이자는 생각에 지정좌석제를 시작했다.

"사장님, 괜찮을까요? 다른 회사는 안 하는데요."

"그래? 어차피 앞으로 지정좌석제가 될 테니 우린 우리의 생각을 밀고 나가자고."

한진관광이 제일 먼저 시작한 지정좌석제는 지금까지 없었던 버스 여객 운송의 혁명이나 다름없었다.

"들었어? 한진의 버스는 편하게 앉아서 타고 갈 수 있다고 하네."

승객들 사이에서 소문이 퍼지기 시작했다. 그도 그럴 것이 매일 불편하게 사람들과 부딪히며 서울을 오고 가야 했는데 이젠 완전히 달라진 것이다.

승객들 사이에서 한진관광에 대한 인식이 점점 좋아지기 시작했다.

그러자 다른 회사들이 발끈하고 나섰다.

"이봐요 조 사장, 한진만 그럴 수 있어요?"

"어차피 정부에서 시작하려던 것이고, 앞으로 그렇게 바뀌어야 한다는 거 다들 공감하고 계시잖습니까?"

"아니, 그래도 그렇지. 당장 수익이 줄어드는데 그걸 하란 말이요?"

한진의 태도에 다른 회사들은 화를 냈다. 일부 회사에서는 방해까지 시작했다. 한진의 버스가 가는 길을 내주지 않겠다는 것이었다.

"사장님, 어떻게 할까요? 다른 버스들이 길을 내주지 않는데요."

"흠… 신도로를 내주지 않는다면 구도로로 가는 수밖에 없지 않겠어?"

"네? 새로 포장된 도로로 가는 것도 힘든데 비포장도로로 가라고요?"

"이왕 뜻을 세웠는데 포기하면 안 되지. 길은 우리가 만들면 되니, 일단 해보자고."

한진의 버스는 지정좌석제를 그대로 고집하며 비포장도로를 달렸다. 울퉁불퉁하고 먼지가 폴폴 날리는 도로를 달릴 수밖에 없었지만, 약속을 지키기 위해 한진의 직원들은 최선을 다했다.

그 모습을 지켜보던 다른 회사들은 콧방귀를 뀌었다. 며칠 가지 못해서 지정좌석제를 포기할 거란 예측을 하기도 했다. 그러나 한진은 포기하지 않고 오히려 새로운 방법을 찾았다.

"길이 힘하면 우리가 길을 닦으면서 가면 되지 않겠어? 불도저를 동원해봐."

원리 1

조중훈은 버스 운행이 없는 시간에 불도저를 불러 울퉁불퉁한 길을 닦았다. 또한 날리는 먼지를 제거하기 위해 버스 앞에 물차를 앞세웠다. 도로에 물을 뿌리자 날리는 먼지가 훨씬 줄어들었다.

그렇게 6개월간 한진관광은 버스 지정좌석제를 계속했다. 승객들은 그런 한진을 신뢰하기 시작했고, 지정좌석제를 반대하던 다른 회사들도 서서히 돌아서기 시작했다.

"우리도 그렇게 해볼까?"

"역시 조 사장의 배포는 대단하군."

마침내 서울에서 인천을 오가는 버스에 지정좌석제가 전면적으로 실시되었다.

조중훈 사장은 그 일로 인해 큰 깨달음을 얻었다. 뜻이 있는 곳에 길이 있고, 그 뜻을 실현하려면 굳은 의지와 끈기가 필요하다는 것을 안 것이다.

한발 앞선 선택

늦은 밤이 되어도 사장실의 불은 꺼지지 않았다. 그곳에는 조중훈이 책상에 앉아 독서 삼매경에 빠져 있었다.

아직 동이 트기 전인 이른 새벽, 다른 어떤 곳보다 사장실의 불이 가장 먼저 켜졌다. 아침 일찍 일어난 그의 손에는 전날 읽던 책이 들려 있었다.

어려서부터 책 읽는 것을 즐겨했던 조중훈은 어려운 환경에서 일할 때에도 늘 책과 함께했다. 일본 조선소에서 일했을 때도 독서는 그에게 가장 큰 낙이었다.

조중훈이 일본 조선소에서 한 달 동안 일하고 받는 월급은 겨우 20원이었다. 월급이 나오면 대부분은 여섯 동생의 학비를 위해 부쳤고 그러고 나서 남은 돈으로 식사를 해결했다. 그 뒤에 정말 얼마 안 되는 돈으로 책을 읽었다. 새 책을 사는 건 엄두도 못 냈다. 대신 헌책방에 들러 책을 빌려 보았다. 헌 책을 빌려 읽는 값도 2, 3전(우리나라의 옛 화폐 단위, 1전은 1원의 100분의 1)이었다.

어느 날 폐병으로 고생한 적이 있었는데, 낡은 책장에 침을 발라가며 읽다 균이 옮은 것이었다. 그러한 가운데서도 조중훈은 손에서 책을 놓지 않았다.

조중훈이 이처럼 책을 가까이한 이유는 독서를 통해 지혜를 얻기 위해서였다. 처음 한진상사를 시작할 때에도 독서를 통해 많은 도움을 받았다. 그는 시간이 나면 책을 읽으며 앞으로의 물류 이동에 대해 예측해보곤 했다.

대진해운을 설립할 때에는 젊었을 때 배를 타고 넓은 세상을 경험했던 것이 큰 뒷받침이 되었다. 그의 예상대로 세계적으로 바다를 통한 물류 이동이 점차 늘어났고 한진의 해운 회사도 그에 따라 성장하였다. 그러던 중 문제가 생겼다.

어느 날 한진과 선박 계약을 맺고 있던 미국의 선박 회사인 '시랜드 사'에서 들고 일어선 것이다.

"대진해운은 일본우선회사와 거래를 하든지 우리 시랜드 사와 거래를 하든지 선택하세요."

대진해운은 일본의 최대 선박 회사인 '일본우선회사', 미국 컨테이너 선박 회사인 '시랜드 사'와 모두 계약을 맺고 있었다. 그러던 차에 미국으로부터 그런 요구를 받게 되자 당황스러울 수밖에 없었다.

1974년만 하더라도 한진은 일본과의 관계가 더 깊었다. 일본우선회사의 화물을 한진이 운송해주고 있어서 당장 화물이 필요한 상황에서는 일본과의 관계가 더 중요한 듯 보였다.

그러나 미국과의 관계도 중요했다. 앞으로 해운업이 더 큰 시장으로 진출하려면 선진국 해운사와 잘 지내두어야 했다.

대진해운의 직원들은 예외 없이 일본우선회사와 계약을 이어갈 것이라 예상했다. 더 많은 일을 함께하고 있었던 회사였기 때문이다. 그러나 조중훈의 생각은 달랐다.

"당장의 이익도 중요하지만 세계 해운 업계의 흐름으로 볼 때 앞으로 세계 최대 해운사인 시랜드와의 협력관계가 더 중요해질 겁니다. 한 곳만 선택해야 한다면 시랜드 대리점 사업을 선택합시다."

조중훈의 의외의 선택에 다들 놀랐다. 일본 선박 회사 측에 이 같은 결정을 전하자, 그들은 지금껏 이런 수치가 없었다며 몹시 불쾌해했다. 비록 얼마 후 대진해운은 세계적인 불황과 원양어업 진출로 인해 해체되었지만, 그 후에도 조중훈은 시랜드 사와의 인연을 계속 이어나갔다.

"시랜드 사와는 협력 관계를 계속 유지해야 합니다."

한진은 그 이후 1977년 한진해운을 설립할 때까지 시랜드 사와 일을 계속하며 경험을 쌓았다. 시랜드 사의 선박이 부산항에 들어와 컨테이너를 통해 물건을 내릴 때에는 직원들을 모두 보냈다.

"시랜드 대리점 관련 부서에 적합한 직원들을 보내서 해운 영업은 어떻게 하는지, 마케팅은 어떻게 하는지 무조건 배우게 하세요."

그의 지침에 따라 한진의 직원들은 선진 회사의 기술을 익힐 수 있었다. 그리고 그 덕분에 한진해운은 이후 컨테이너 전문 운송 업체로 발돋움할 때 더욱 쉽게 기반을 다질 수 있었다.

조중훈의 한발 앞선 선택은 그 이후로도 이어졌다. 한진이 다양한 경로를 통한 수송 사업을 펼치고 있었으므로 조중훈은 그에 맞춰 건설업이 필요하다고 생각되었다.

이후 한진그룹의 건설사인 '한일개발'이 설립되었다. 한일개발은 1970년대에 들어서면서 해외 건설 시장에 눈을 돌렸다. 당시 대한항공을 통해 세계 각국, 각 지역의 노선을 개발하는 데 힘을 쏟았던 터라 세계 각지가 그들의 일터였다.

중동 지역 역시 조중훈의 한발 빠른 선택이었다. 당시 파리로의 노선을 연결하기 위해 다니던 중, 우연히 경유하게 된 중동은 그에게 좋은 영감을 주었다. 중동 지역은 석유 생산국으로 부자 나라였는데 특히 건설 분야에서 인기가 높았다.

'그래, 앞으로는 중동이다.'

조중훈은 그 즉시 돌아와 중동에서의 건설업을 시도했고 그 결과 다른 기업보다 제일 먼저 해외 건설 수주(고객으로부터 주문을 받음)에 성공했다.

원리 1

　항공 산업 역시 마찬가지였다. 하늘길을 열겠다는 꿈을 가지고 뜻을 세웠고 길이 열렸다. 대한항공 인수 역시 남들은 꺼려하는 선택이었지만 그는 미래를 내다보고 과감히 선택했다.
　물론 하늘길을 개척하는 일은 쉬운 일이 아니었지만 그는 현실에 안주하지 않고 남들보다 빨리 움직이며 독창적인 행보를 이어갔다. 그 결과 대한항공은 항공 업계로서 드문 성장을 할 수 있었다.

수송업에 대한 집념

포기란 없다

"사태가 심상치 않습니다."
"중동에서 문제가 생긴 건가?"
"예, 기름값이 계속 오르고 있습니다."

결국 올 것이 오고야 말았다. 1970년대에 들어서면서 한진은 대한항공을 인수한 뒤 대한항공 경영의 정상화를 위해 뛰었다. 그리고 미주 노선에 이어 유럽 노선을 개발한 대한항공은 마침내 빚더미 항공사에서 점차 흑자로 돌아서고 있었다.

대한항공의 경영이 정상화되면서 대한항공에 대한 사람들의 인식도 점점 좋아지기 시작했다. 이후 본사에 소속된 직원이 2,500명에 이를 정도로 큰 조직으로 발전했다.

이러한 기쁨도 잠시, 1973년 들어서면서 중동에서 문제가 터졌다. 석유가 생산되는 중동 국가와 이스라엘 간의 갈등이 심각해지면서 석유 파동이 일어난 것이다. 그로 인해 전 세계적으로 석유가 부족해지면서 국제 석유 가격이 치솟기 시작했고 대부분의 나라에 경제적인 위기가 찾아왔다.

석유 파동은 전 세계에 영향을 미쳤다. 석유는 다양한 곳에서 널리 쓰였기에 나라마다 부족한 석유를 얻기 위해 갖은 노력을 기울였다.

그중에서도 특히 항공사는 큰 영향을 받았다. 비행기에 들어가는 기름의 양이 어마어마한데 항공사는 최악의 경우 운항을 포기할 수밖에 없었다. 비행기를 운행한다 해도 기름값이 수송비에 비해 더 많기 때문이었다.

1차 석유 파동으로 기업들이 하나둘 쓰러져갔다. 해외의 유명한 항공사에서도 이 사태로 인해 수천 명의 직원이 일자리를 잃는 안타까운 일이 벌어졌다.

대한항공에도 금세 타격이 왔다. 이제 막 대한항공의 경영 상태가 좋아지고 인식도 나아지고 있는 시점에서 찾아온 시련은 너무 혹독했다.

"취항 횟수를 줄이는 건 어떨까요?"

"적자가 나는 노선은 휴항을 하는 것이…."

하루하루가 살얼음판을 걷는 기분이었기에 직원들은 극단적인 제안까지 했다. 연료비는 평소보다 네 배나 더 들었다. 기업을 창립한 이래로 가장 큰 시련이었다.

"연료는 확보되었나?"

"아뇨. 그것도 어렵습니다. 돈이 준비되지 않으면 연료는 구경도 못할 수 있을 것 같습니다. 그런데 지금 우리는 자금 사정도…."

조중훈의 머릿속엔 온통 기름 생각뿐이었다. 석유 파동의 여파가 워낙 컸기 때문에 어떤 사람들은 항공 수송업을 중단하는 것까지 제안했다. 그러나 항공 수송업에 대한 그의 집념은 이 정도에서 무너지지 않았다.

일단 연료를 확보하는 게 중요했다. 연료를 얻기 위한 자금 5,000만 달러, 그것만 있으면 버틸 것 같았다. 조중훈은 1개월 내에 자금을 준비해야 한다는 생각에 백방으로 뛰었다. 그러던 중 갑자기 떠오른 곳이 있었다. 바로 프랑스의 한 은행이었다.

조중훈은 한 가닥 희망이라도 잡는 심정으로 은행 총재에게 연락을 했다. 그와는 업무로 인해 인연을 맺고 있었다. 그러나 선뜻 큰돈을 빌려달라고 하는 게 쉬운 일이 아니었다. 그럼에도 수송업에 대한 집념은 불가능을 가능으로 만들었다.

"좋습니다. 미스터 조의 항공업에 대한 열정은 잘 알고 있습니다. 우리가 지불 보증을 서주겠습니다."

"정말 고맙습니다. 이 은혜는 절대 잊지 않겠습니다. 당신이 우리 대한항공을 살린 거나 마찬가지입니다."

그렇게 자금 문제가 해결되자 연료가 확보되었고, 대한항공의 비행기는 문제없이 하늘을 날 수 있었다.

1차적으로 일어난 석유 파동은 대부분의 항공사에 큰 타격을 입혔다. 대한항공 역시 큰 시련을 겪어야 했지만 항공 수송을 멈추지 않고 집념을 가지고 나아간 결과, 운항이 중단되는 일 없이 위기를 넘길 수 있었다.

한차례 자금 위기를 넘긴 뒤에도 조중훈의 수송업에 대한 집념은 계속되었다.

원리 1

"여러분 지금은 세계적으로 위기입니다. 승객은 줄어들고 우리의 경쟁 항공사는 많아졌습니다. 게다가 연료비가 지나치게 올라 자금 압박을 받고 있습니다. 한꺼번에 불어닥친 불황으로 쓰러지는 회사도 많아집니다. 그럴수록 움츠러들어서는 안 됩니다. 머리를 맞대고 비용을 절감할 수 있는 아이디어를 찾아서 다함께 어려움을 극복해 나갑시다."

이렇듯 직원들을 격려하는 동시에, 그는 다가올 때를 준비했다.

"아니 이런 상황에서 투자라니요. 회장님, 안 됩니다."

"아냐. 지금 힘들어도 미래를 위한 준비는 미리 해두어야 하네. 이번에 점보 화물기를 투입해서 미주 노선에 취항시키게."

큰 모험이었다. 그 무렵 대한항공은 기존 항공기와는 비교도 안 될 대형 점보 비행기를 구입했다. 큰 비행기로 화물을 실어 나르는 일이 성공을 거둘지 미지수였다. 그러나 태평양 하늘에 최초로 점보 화물기를 투입하여 항공 수송을 이어가는 대한항공의 의지에 다들 혀를 내둘렀다.

그의 집념의 결과는 좋았다. 1975년, 한차례 석유 파동이 지난 직후 대한항공은 매출액 1,000억 원을 돌파했고 흑자도 기록하며 보기 드문 성과를 낼 수 있었다.

그는 수송업에 대한 집념 하나로 기업을 이끌었기에 위기를 슬기롭게 극복할 수 있었다.

2차 석유 파동과 뉴욕 취항

한진그룹 회장실에서는 한창 옥신각신하는 상황이 이어졌다. 대한항공의 뉴욕 취항을 두고 조중훈과 임원진 사이에 설전이 벌어진 것이다.

"차라리 다른 도시를 뚫어보는 게 어떻겠습니까?"
"안 돼. 뉴욕에 꼭 취항해야 하네."
"그래도 회장님, 미국 정부가 워낙 콧대가 높아서 말입니다."
"끝까지 해보게. 안 되는 게 어디 있나?"

대한항공은 1차 석유 파동을 잘 견뎌낸 뒤, 세계 여러 나라로의 취항을 성공시키며 점점 위상이 높아지기 시작했다.

그 와중에 조중훈이 가장 신경 쓴 도시는 미국의 뉴욕이었다. 뉴욕은 미국의 상징적인 도시였다. 유럽에서는 이 도시의 취항이 가능했지만 아시아 국가에게는 문턱이 높았다. 일본만 유일하게 취항했을 정도였고 좀처럼 길을 내주지 않았었다.

그러나 그들이 누구인가. 조중훈은 치밀한 준비 끝에 한미(한국과 미국) 항공 협정까지 고쳐가며 드디어 뉴욕 취항 허가권을 따냈다. 다들 기쁨을 감추지 못했다.

그러나 기쁨도 잠시, 또 한차례 폭풍이 밀려왔다. 1978년 이란에서 혁명이 일어났고 이로 인해 중동 국가들이 또다시 석유를 쥐고 내주지 않았다. 2차 석유 파동이 시작된 것이다.

원리 1

　우리나라를 비롯한 석유 비생산국은 다시 비상에 걸렸다. 석유를 생산하지 못한다는 것이 이토록 서러운 일이라는 걸 깨닫는 순간이기도 했다. 석유값 인상은 다시 한 번 한진그룹에 큰 시련을 가져왔다. 그 시기는 대한항공뿐 아니라 한진해운이 한창 해운업에 진출해 있을 때였다. 비행기와 선박에 들어갈 연료값이 하늘 높은 줄 모르고 치솟는 현상이 또 벌어졌다.
　"회장님, 큰일입니다. 뉴욕으로 가는 첫 운항편부터 항공기 기름 확보가 어렵게 생겼습니다."
　"뭐야?"
　"2차 석유 파동 영향이 너무 큽니다. 우리는 첫 운항이기 때문에 더욱 연료 확보가 어렵다고 합니다."
　조중훈은 그길로 뉴욕에 사람들을 보내 상황을 파악하도록 했다. 얼마 뒤 올라온 보고는 상황이 매우 심각해졌음을 알려주었다.
　'기존에 뉴욕에 취항하는 항공사들도 기름을 줄여서 받고 있는 실정임. 신규 취항사는 급유 회사와 계약을 맺기가 불가능해 보임.'
　그러자 간부들 사이에서 슬슬 뉴욕 취항을 연기하자는 이야기가 나오기 시작했다. 어차피 민간 항공사로서 뉴욕 취항까지 10년이 걸렸는데 조금 더 미뤄도 문제가 없지 않겠느냐는 것이었다.
　"뭐? 어렵게 따낸 노선권이니 처음부터 실수 없이 해낼 생각을 해야지. 끈질기게 붙어서 하면 안 될 게 없네. 뉴욕에서만 시간 보내지 말고 직접 정유 회사와 부딪혀서 해결책을 찾아보게."
　특명이 떨어졌다. 어떻게든 수송업을 멈추지 않겠다는 그의 집념을 보여

수송업에 대한 집념　131

주는 대목이었다. 이에 직원들은 조중훈의 특명을 받고 급히 정유 회사들이 있는 텍사스까지 날아가 최소한의 연료를 확보해왔다.

"회장님, 약간의 기름을 구했습니다. 뉴욕에 취항할 수 있을 것 같습니다."

"그래? 수고했네!"

드디어 1979년 3월, 대한항공은 뉴욕의 첫 번째 취항에 성공했다. 민간 항공사로 전환된 지 10년 만에 이룬 쾌거였다. 이로써 대한항공은 10주년 기념 행사를 뜻깊게 장식할 수 있었다.

그러나 석유 파동의 여파는 쉽사리 가라앉지 않았다. 대한항공은 기름을 확보하기 위해 기름이 있는 곳이라면 어디든 달려가서 연료를 확보했다. 평소 두 배가 넘는 가격이어도 마다하지 않았다.

항공사와 해운사는 석유 파동의 여파로 어두운 터널을 지나고 있었다. 조중훈은 어려운 시기를 두 차례나 겪으면서도 직원들의 손을 놓지 않았다. 직원들과 힘을 합쳐 연료를 절감할 수 있는 모든 방법과 아이디어를 찾았다.

특히 대한항공이 도입한 점보 화물기의 경우, 항공기 자체의 무게를 줄이기 위해 애썼다. 점보기는 워낙 무게가 많이 나가기 때문에 연료도 훨씬 많이 들어갔다. 거기에 페인트칠까지 하면 무게는 더욱 나갔다.

"회장님, 페인트칠을 하지 않는 건 어떻겠습니까? 다른 항공사에서도 이미 시도해본 건데 연간 5,000갤런 이상의 연료를 절감할 수 있답니다."

"그렇담, 우리도 해봐야지."

대한항공은 점보 화물기에 페인트칠을 과감히 빼버렸다. 대신 꼬리 부분에 태극기와 대한항공 마크, 항공기 번호만 표시했다. 그리고는 재치 있는 별명을 붙여주었다.

'비키니 차림의 점보기.'

이렇듯 2차 석유 파동은 연료를 필요로 하는 모든 기업을 또다시 힘들게 만들었다. 하지만 한진은 수송업을 이어가겠다는 집념 하나로 위기를 가뿐히 뛰어넘었다. 그 결과 1982년, 대한항공의 경영 상태는 다시 정상으로 돌아왔고 다른 회사와는 달리 흑자를 기록하며 계속해서 발전했다.

조중훈의 책상엔 거미줄이 있다

조중훈의 사무실에는 세계 지도가 걸려 있었다. 그 속에 빽빽이 들어찬 노선들을 바라보며 조중훈은 눈빛을 번뜩였다.

그 노선들은 대한항공의 국적기가 닿는 나라와 주요 도시, 한진해운의 선박이 기항하는 나라와 지역이 표시된 것이었다. 거미줄처럼 연결되어 있는 노선을 볼 때면 한진이 얼마나 성장했는지 가늠할 수 있었다.

그럼에도 조중훈의 머릿속엔 언제나 세계 지도가 따라다녔다. 자나 깨나 새로운 길을 개척하는 것에 집중했던 그는 항공기나 선박이 가지 못한 장소에 대해 늘 고민했다. 그 때문에 어떤 우연한 기회에 맺은 관계 하나라도 그냥 넘어가는 법이 없었다.

　오래전 한진상사를 성장시킨 미군과의 인연이 훗날 미 국방성과의 인연으로 이어졌고 그 인연이 다른 인연을 낳아 로스앤젤레스에 취항할 수 있도록 도움을 주었다.

　유럽에 취항하게 된 것도 프랑스 항공기를 구입하는 배려를 먼저 보였기에 가능했다. 그리고 항공기 구입에 그치지 않고 조중훈은 그것을 유럽 노선을 개척하는 데 활용했다. 이러한 프랑스와의 인연이 다른 유럽 국가들과의 다른 인연으로도 이어져 유럽 노선을 더욱 풍성하게 만들었다.

　중동 지역에 건설업을 진출시킬 때에는 건설만 하는 게 아니라 항공 노선, 해운 노선까지 연결시켰다. 콧대도 높고 동양인과는 별다른 교류도 없던 중동 지역이었지만 조중훈은 적극적으로 정부 인사들과 교류를 나누며

원리 1

노선을 확보했다. 대한항공이나 한진해운은 시간이 갈수록 거미줄 같은 촘촘한 노선을 만들 수 있었다. 그의 집념이 없었다면 불가능했을 것이다.

그런데 세계 어느 곳으로든 노선을 만드는 데에는 제약이 있었다. 나라 간의 수교가 이뤄지지 않은 경우는 더욱 그랬다. 그러나 조중훈은 멈추지 않았다. 어떻게든 기회를 만들었고 기회가 왔을 때 최대한 활용했다.

그중 중국과의 교류가 그랬다. 1983년 5월 5일, 거리에는 어린이날을 맞아 가족들이 평화로운 한때를 보내고 있었다. 그런데 어디선가 '웨에엥~' 하는 요란한 사이렌 소리가 거리에 울려 퍼졌다. 놀라서 흩어지는 사람들 사이로 뉴스가 흘러 나왔다.

'지금 국적을 알 수 없는 항공기 한 대가 우리 영공(한 나라의 땅과 바다 위의 하늘, 그 나라의 권리가 미치는 범위)으로 넘어와 춘천 미군 기지 안 비행장에 불시착(비행 도중 비행기에 이상이 생겨 예정되지 않은 장소에 착륙함)했다는 소식입니다.'

나중에 그 비행기는 중국 국적의 민간 항공기로 밝혀졌다. 다행히 전쟁은 아니었지만 그래도 공산주의 국가인 중국의 비행기가 우리나라에 불시착했다는 소식은 모두를 긴장하게 만들었다.

"아니, 중국이 우리나라에는 왜 왔지? 혹시 전쟁하려는 건 아니겠지?"

그때만 해도 전쟁에 대한 아픈 기억이 남아 있던 때였기에 모두들 공포에 휩싸였다. 게다가 남북이 나뉜 뒤, 우리와는 이념이 달랐던 중국은 우리나라와 냉랭한 관계였다.

수교를 맺지 않은 나라의 항공기가 아무런 예고 없이 영공을 넘어와 불시착한 일은 나라 간의 외교 문제로 번질 수 있는 일이었다. 이 사건이 일어나자 중국 승무원과 중국 대표단이 한국에 들어왔고 조중훈도 춘천으로 향했다. 정부 차원으로 나선 것이 아니라 같은 민간 항공사로서 나서는 게 낫겠다는 판단에서였다.

중국 대표단과 한국 대표단은 서로 껄끄러운 관계 때문에 항공기를 다시 중국으로 돌려보내는 문제에 대한 협상을 끝맺지 못하고 있었다. 그간 두 나라가 외교적인 대화를 나눠본 적이 없었기 때문이다.

"대한항공에서 양국 대표단과 비행기 승무원 전원을 호텔로 초청하겠습니다."

조중훈은 먼저 관계를 부드럽게 하는 것이 중요하다고 생각했다. 다행히 모두들 초청에 응했고, 그 자리에서 조중훈은 중재인 역할을 자처했다.

"저는 기업을 해서 돈을 버는 사람입니다. 나라와 경제에 도움을 줄 수 있다면 온몸을 바치는 '조자룡(삼국지에 나오는 인물로, 충성심이 강하고 용맹했던 장수)' 같은 사람이지요. 또 여기 계신 한국 대표단 공노명 선생님은 '제갈량(삼국지에 나오는 인물로, 문제를 해결하는 데 뛰어난 능력을 지녔던 인물)' 같은 분입니다. 경제는 조자룡, 외교에는 제갈량이 제격이지요. 그러니 중국 대표단 여러분, 제갈량과 조자룡이 머리를 맞대고 함께 문제를 해결하겠습니다."

중국과 친근한 삼국지를 인용해 이야기를 풀어가자 중국 측에서도 웃음을 터뜨리며 화답했다. 그리고 다음 날 양측 대표단은 이 사건에 대한 합의각서를 교환하는 데 성공하며 사건을 마무리 지을 수 있었다.

조중훈은 중국 대표단이 베이징으로 떠난 뒤 불시착한 항공기를 점검하

원리 1

고 부품을 교체해주며 마지막까지 그들을 배려해주었다. 그날의 배려는 훗날 당시 중국 대표단으로 온 센투(沈圖) 중국 민항 총국장에게 큰 인상을 남겼다. 그는 조중훈이 한중(한국과 중국) 민간 교류에 중요한 역할을 했다며 고마움을 표했다.

조중훈은 이 일을 그저 정부 차원의 일로만 끝내지 않았다. 그는 중국 취항과 통과권을 얻기 위해 본격적인 노력을 기울였다. 중국의 하늘은 만리장성의 높은 벽으로 가려져 있었지만, 중국인과 이미 접촉을 해본 그로서는 최선을 다하면 못할 것이 없다는 생각이었다. 관계를 중요시하는 중국인의 특성상 일을 성공시키려면 시간과 인내가 필요했다.

조중훈은 끊임없이 중국과 접촉하며 관계를 맺었다. 그러던 중 88올림픽 기간에 중국을 다시 방문하여 센투 총국장에게 도움을 요청했고, 1989년 드디어 중국 정부로부터 한국 항공사의 전세기 운항권을 따내는 데 성공했다. 이로써 대한항공은 베이징과 톈진, 선양에 정기 노선을 취항하게 되었다. 10년의 노력 끝에 이뤄낸 결과였다.

수송업에 대한 집념은 거미줄 같은 노선이 대신 말해주었다. 항공사의 위상, 해운 업계의 위상은 취항하는 노선으로 결정된다고 해도 과언이 아닐 정도다. 조중훈은 그 일을 단시간 내에 가능하게 만들었고 기회가 생겼을 때 놓치지 않고 자신의 것으로 만들었다.

그 결과 대한항공은 1972년 태평양을 가로지르는 여객 노선을 시작으로 이후 유럽으로의 취항, 러시아 모스크바 취항을 성공시켰고, 20년 만에 전 세계를 횡단하는 노선망을 구축한 세계적인 항공사로 거듭났다.

조중훈의
성공법칙
❹

수송 외길, 한 가지에 집중하라!

한 가지 길을 걷는다는 것은 그리 쉬운 일이 아니다. 그래서 기업인으로서 '외길'을 걷는다는 것은 대단한 의지와 사명감이 없으면 불가능하다.

조중훈은 80세가 넘도록 기업을 이끌면서 수송업 하나에만 집중했다. 세계로 통하는 길을 만들겠다는 의지 하나로 한진상사를 창업했고, 그 이후 육로 수송뿐 아니라 항공, 해상을 통한 수송업을 일으켰다.

물론 수송업만 고집하다 주변의 상황이 어려워진 때도 있었다. 한진이 처음 대한항공을 인수함으로써 항공 운수에 뛰어들 때만 해도 아무런 기반이 없었다. 노선 개척부터 비행기 도입까지 모든 준비를 마치고 취항을 하게 되었지만 전 세계적인 석유 파동으로 기업 자체가 휘청거릴 정도의 위기에 놓이기도 했다.

이에 주변에서는 다른 사업으로 전환하여, '낚시꾼이 여러 개의 낚싯대를 걸쳐놓고 낚시하듯' 기업을 운영하도록 권했다. 하지만 그는 '여러 개의 낚싯대는 필요 없다'며 수송 외길을 고집했다. 그 결과 한진은 어려운 시기를 무사히 헤쳐 나갈 수 있었다.

조중훈의 수송 외길 인생은 대한민국 수송업을 선진화하는 데 적지 않은 역할을 했다. 수송업에 대한 고집이 없었다면, 우리나라 수송업의 역사는 한참 뒤처졌을 것이다. 최선이라고 생각되는 것을 선택하고 그것에 집중하는 것, 고집스러워 보일 수도 있지만 그것이 '수송계의 거인'이라 불리는 조중훈을 만들었다.

> 원리 2

수송보국, 나라가 먼저다

조중훈 역시 한국경제가 성장하는 시기에 민간 외교관으로서 큰 역할을 했다.

그는 국익을 위하는 일이라면 대가를 바라지 않고 뛰었다.

오히려 세계와 한국을 연결하는 국적 항공사의 대표로서

보이지 않는 곳에서 민간 외교관의 몫을 수행한 사실을 자랑스럽게 여겼다.

원리 2

나라의 길을 함께 열다

대통령과의 약속

1975년 강원도 철원의 비무장지대(군사 시설이나 인원을 배치하지 않은 곳)에서 땅굴이 하나 발견되었다. 그것은 북한이 기습적으로 남한에 쳐들어올 목적으로 뚫은 땅굴로 밝혀졌다.

땅굴이 발견되자 국가 안보(국가와 국민의 안전을 지키는 일)에 비상이 걸렸다. 국민들은 다시 전쟁이 일어나는 건 아닌지 걱정되어 두려움에 떨었다.

박정희 대통령은 국민들을 안정시키기 위해 전투기를 만들겠다는 발표를 했다. 전투기를 생산하여 국방(국토를 지키는 일)을 튼튼히 하겠다는 것이다.

조중훈은 박정희 대통령의 발표를 주의 깊게 들었다. 물론 국가가 전투기를 보유하는 것은 필요한 일이지만, 아직 우리나라의 기술력으로는 역부족이란 생각이 들었다.

며칠 뒤 청와대로부터 전화 한 통이 걸려왔다.

"조중훈 회장님, 각하께서 좀 뵙자고 하십니다."

이미 박 대통령과는 몇 차례 만난 바 있었기에 이번엔 무슨 일인지 궁금했다.

"조 회장님, 얼마 전 전투기 생산 발표문 들었습니까?"

"네, 잘 들었습니다."

"항공사 대표로서 어떻게 생각하십니까?"

"아, 그게… 쉽지 않은 일이지만 언젠가는 꼭 해야 할 일이라고 생각합니다."

"그래서 말인데… 대한항공이 항공기 생산에 참여해주면 안 되겠습니까?"

조중훈은 난감했다. 아무리 항공 운송업을 하고 있지만 항공기를 직접 제작하는 일은 한 번도 해본 적이 없었기 때문이다. 게다가 수송 외길을 걷고 있는 그로서는 새로운 일을 시작한다는 것도 여간 부담이 아니었다.

그러나 박정희 대통령의 의견은 확고했다. 당시 항공기 생산 사업을 이끌어 갈 곳으로 대한항공과 공군을 두고 저울질을 하다 대한항공 쪽으로 의견이 기울었던 것이다. 이 과정을 전해 들은 조중훈은 더욱 고민에 빠졌다.

'항공기 생산 사업은 투자 비용이 엄청나게 들어가고, 설사 생산한다고 해도 수익을 보장받을 수 없다. 하지만 나라를 생각하면 항공기 만드는 일은 누군가 꼭 해야 하는 일이다. 나라의 안위를 지키는 일에서는 더 이상 물러날 수 없다.'

조중훈은 생각 끝에 '나라가 더 먼저'라는 결론을 내렸다. 막대한 손해가 있더라도 나라에 꼭 필요한 일이라면 돕는 게 우선이라는 생각이 들었다.

"각하, 나라에 보탬이 될 수 있다면 돕겠습니다. 그러나 아무 준비 없이

원리 2

전투기 생산을 시작할 수는 없습니다. 먼저 항공기 생산에 대한 경험과 기술을 쌓아 훗날을 기약하겠습니다."

"고맙습니다."

조중훈은 곧바로 대한항공 사업 분야에 '항공기 제조 및 판매 사업'을 추가하고 전투기 생산을 위한 준비를 시작했다. 이후 대한항공은 '군용 항공기 정비·조립·생산 군수업체'로 지정되었다.

제공호의 탄생

대한항공은 700억 원이란 거액을 투자하여 항공기를 생산하는 공장을 지었다. 공장을 지어도 당장 비행기를 만들 수는 없었다. 충분한 경험과 기술을 쌓아야 했다.

대한항공은 장기간에 걸쳐 모든 준비 과정을 거친다면 가능할 것이라는 희망을 품고 항공기 생산 사업을 시작했다.

"회장님, 항공기를 생산하려면 먼저 부품을 조립하는 조립생산부터 시작해야 합니다. 우선 헬기부터 해보는 것이 어떻겠습니까?"

"좋소. 그런데 어떤 헬기를 들여와야 되겠소?"

어떤 헬기 기종을 들여올 것인지에 대한 의견이 각각 나뉘었다. 조중훈은 직원들과 논의하여 '휴즈 사'의 '500MD'라는 기종의 헬기를 들여오는 것으로 결정했다. 헬기를 조립생산하며 대한항공은 외국 회사로부터 항공기 조립에 대한 기술을 조금씩 배울 수 있었다.

그즈음 세계의 정세는 변하고 있었다. 1978년, 중국이 일본과 깜짝 수교를 맺으면서 세계는 화해 분위기로 접어들었다. 세계 정세에 발 빠르게 움직이고 있던 조중훈은 이러한 흐름을 놓치지 않았다.

"미군 전투기 정비에 대한 사업계획서를 만들어보세요."

"네? 무슨 이유가 있으십니까?"

"이제 나라 간의 장막이 걷히고 있어요. 미군도 중국과 수교를 맺으려 할 텐데, 지금 미군의 전투기를 정비하는 기지가 대만에 있으니 불편하지 않겠어요? 아마도 다른 곳으로 옮겨야 할 텐데… 그것을 우리 대한항공이 맡아서 해봅시다. 이게 얼마나 좋은 기회입니까?"

"맞습니다. 항공기 정비만큼 생산 기술을 알 수 있는 기회도 드뭅니다. 항공기는 분해하고 결합하는 것이 기본이니까요."

직원들은 조중훈의 앞을 내다보는 혜안(사물과 세상의 이치를 꿰뚫어 보는 눈)에 혀를 내둘렀다.

이후 대한항공은 태평양 지역 미군 항공기의 정비 계약을 따냈다. 이로써 대한항공은 외화를 벌어들이면서 동시에 항공기 생산 기술의 핵심을 배울 수 있었다. 처음에 투자만으로 계속 이루어지던 항공기 생산 사업이 어느 정도 경영의 정상화가 이루어진 것이다.

조중훈은 다시 박정희 대통령과 마주 앉았다.

"조 회장님, 수익성이 보장되지 않은 헬기 사업을 성공적으로 이끌어주셔서 감사하게 생각하고 있습니다."

원리 2

"아닙니다. 원래 돈을 벌고자 시작한 사업은 아니었습니다. 나라의 안위를 지키겠다는 마음을 가지고 하다 보니 이렇게 좋은 결과가 나왔습니다."

"허허, 그렇군요. 그런데 조 회장님, 나는 80년대 중반까지 최신 전투기를 우리 기술로 생산하겠다고 국민과 약속했습니다. 이 일도 가능하시겠습니까?"

"네, 각하. 전투기는 국방력의 상징이지요. 저의 사명으로 알고 앞으로 3년 안에 반드시 전투기를 생산하겠습니다."

전투기 생산은 나라의 위상을 높이는 것이기도 했다. 조중훈은 전투기 생산에 심혈을 기울였다.

전투기를 생산하기 위해 조중훈은 우선 만들기에 가장 적합한 모델을 찾았다. 그리고 미국 '노드롭 사'의 'F-5'라는 기종의 전투기를 들여오려 했다. 하지만 노드롭 사와의 협상이 생각보다 어려웠다.

그즈음 더욱이 안타까운 일이 벌어졌다. 박정희 대통령이 갑작스럽게 서거한 것이다. 조중훈은 매우 착잡한 심정이었다. 그는 대통령과 했던 약속을 꼭 지켜야겠다는 책임감을 느꼈다.

그리고 1980년 11월, 마침내 국방부와 노드롭 사 간의 계약이 이루어졌다. 대한항공은 본격적으로 전투기 생산 사업을 시작했다. 수많은 인원이 전투기 생산에 매달렸다. 생산 작업에만 600여 명의 기술자가 투입되었다.

그로부터 2년이 지난 1982년, 마침내 첫 번째 국산 전투기인 '제공호'가 모습을 드러냈다. 제공호는 아주 빠른 속도의 최신 전투기로 성능이 매우 뛰어났다. 최신 기술과 연구진들의 땀방울이 모아져 탄생된 결과물이었다.

나라의 길을 함께 열다

활주로 끝에서 날카로운 금속음을 내며 하늘로 솟구치는 제공호의 모습에 모두가 박수와 환호를 보냈다.

'각하! 드디어 우리 손으로 만든 전투기를 완성했습니다.'

누구보다 기뻐했을 박정희 대통령이 그 자리에 없다는 사실에 조중훈은 몹시 안타까웠다.

조중훈은 이후에도 계속 전투기 사업에 참여해 공군의 위상을 높이고 나라의 국방을 튼튼히 하는 데 큰 도움을 주었다.

사익보다 공익

1980년대에 들어서면서 대한항공은 다양한 노선을 마련하며 세계적인 항공사로 발돋움하고 있었다.

그러나 소련으로 취항하는 노선이 확보되지 않아 그로 인해 겪는 불편이 많았다. 노선을 개척하려고 해도 사회주의 나라인 소련과 합의하는 게 쉽지 않았다. 대한항공의 임원들은 노선 합의를 위해 소련과 접촉하려 했지만 뜻대로 되지 않았다.

그러던 중, 나라에 큰 사건이 벌어졌다. 대한항공의 여객기를 소련의 군 전투기가 격추(비행기를 공격하여 떨어뜨림)하는 사건이 일어난 것이다. 평화롭게 비행하고 있던 민간 항공기를 전투기가 공격을 한 셈이었다.

사건의 시작은 이랬다. 대한항공 국제 여객기가 목적지를 향해 가는 도중 항로를 이탈하는 사고가 벌어졌다. 그러다 소련의 영공을 지나게 된 것이다.

소련은 수교를 맺지 않은 나라의 여객기가 자신의 나라를 지나자 비상을 내렸다. 그러나 대한항공의 여객기는 일반 시민을 태운 민간 항공기였다. 소련에 위협을 주는 항공기가 아니었다. 소련은 민간 항공기라는 사실을 전달받고도 자신의 영공을 넘어왔다는 이유로 여객기를 공격했다.

일명 '007기 격추 사건'으로 불리는 이 사건은 전 세계적으로 큰 파장을 일으켰다. 수많은 목숨을 앗아간 이 사고로 소련은 국제 사회의 비난을 받았다. 미국은 소련의 여객기가 자국에 들어오지 못하게 했고, 그밖에 다른 나라들도 소련이 한 일을 규탄했다. 소련은 대한항공의 여객기가 자신의 영공을 침범했기 때문에 당연한 절차에 의해 공격했다는 변명만 늘어놓았다.

007기 격추 사건 이후 세계의 정세는 급격히 냉각됐고, 소련은 다른 나라들과 더욱 멀어졌다. 대한항공은 이후 사고 수습과 뒤처리에 온 힘을 다했다.

그리고 얼마의 시간이 흘렀다. 우리나라가 88올림픽 개최지로 확정되면서 세계 정세가 화해하는 쪽으로 흘러가기 시작했다. 그리고 소련 취항이 필요한 상황이 되었다. 대한항공으로서는 소련과 교류를 하지 않을 수 없었다.

이후 다시 소련으로의 취항이 논의되었다. 소련도 앞으로 올림픽이 개최될 한국과 교류를 해야 할 필요성을 느끼고 있었다. 그리고 마침내 올림픽을 앞두고 어렵게 노선 합의가 이루어졌다.

"회장님, 드디어 소련의 영공을 통과하는 것이 가능해졌습니다."

"으흠, 그렇군."

웬일인지 조중훈의 반응은 시큰둥했다. 직원들은 노선이 확보됨에 따라 하루라도 빨리 준비 작업에 들어가야 하는데 조중훈이 최종 결정을 내리지 않아 회장의 결정만을 기다리고 있었다.

"회장님, 어서 빨리 결정을 해주셔야…."

"좀 시간을 가져보자고."

조중훈은 다시 결정을 미루었다. 직원들은 애가 탔다. 하지만 조중훈의 마음속엔 수년 전 항공기 사건에 대한 여러 감정이 들끓었다. 이에 조중훈과 평소 친하게 지내던 한 사람이 그 이유를 물었다. 그러자 이런 대답이 돌아왔다.

"소련이 우리 민간기를 격추하고도 사과 한마디 안했는데, 내 이익 보자고 그들과 장사를 할 수는 없잖소? 그들의 행동은 우리나라를 무시한 것이오."

듣고 보니 맞는 말이었다. 자기 이익만 생각했다면 얼씨구나 좋아하며 승낙했겠지만, 나라의 입장에서 헤아린다면 절대 승낙할 수 없는 일이었다.

조중훈이 이렇게 나오자 이번에는 소련에서 더 안달이 났다. 결국 소련 측에서 사과의 뜻을 전해왔다. 전 세계인 앞에서 한 공식적인 사과는 아니었지만 비공식적으로나마 자신들이 무리하게 대응했었음을 인정한 것이다. 그리고 희생자들에게 미안한 마음을 전한다는 사과도 받아냈다.

그제야 조중훈은 협정에 서명을 했다. 그 이후 대한항공 비행기는 소련 영공을 통과할 수 있었고 이로써 대한항공의 노선은 더욱 풍성해질 수 있었다. 조중훈이 개인의 이익보다 나라의 입장을 먼저 생각했기에, 결과적으로 나라의 위상을 세우고 기업도 살릴 수 있었다.

이후로도 조중훈은 어떤 나라와 교류할 때 개인의 이익보다 나라의 이익을 먼저 생각했다. 그리고 한진그룹의 이름을 앞세우기보다 한국의 이름을 먼저 내세웠다. 수송업으로 나라에 은혜를 갚겠다는 수송보국의 경영 철학이 있었기에 가능한 일이었다.

한국인의 가슴에 품은 세계

한일 외교의 문을 열고

"조 사장, 나 좀 봅시다."

한진상사를 설립하고 한창 육상 수송업을 하고 있을 때였다. 1960년대 초반, 한진상사는 미8군과의 군수 물자 수송을 체결하고 한창 인천 지역에서 성장을 거듭하고 있었다.

그러나 나라의 사정은 좋지 않았다. 휴전(전쟁을 얼마 동안 멈춤)한 지 겨우 10여 년이 지난 때였기에 정치적으로도 불안정했지만 무엇보다 경제적으로 힘들었다. 정부에서도 경제를 살리기 위한 대책을 세우기에 온갖 노력을 했지만 워낙 나라가 가난했기에 한계에 부딪혔다.

그러던 중 부총리 겸 경제기획원(1961년에 만들어진 중앙 행정 부서로 국가 경제 발전을 위한 계획을 세우고 예산을 적절하게 나누는 등 국가 경제 정책에 관련된 일을 맡아서 하였음) 장관으로 장기영 씨가 임명되었다. 그는 한국의 주요 언론 매체를 이끌어가던 사람이었는데, 늘 신문을 곁에 두고 세계 정세를 파악하던 꼼꼼한

원리 2

성격의 인물이었다.

그런데 어느 날, 갑작스럽게 장기영 부총리가 조중훈 사장에게 만나자는 연락을 하였다. 장 부총리와는 한 번도 만난 적이 없었던지라 조중훈은 의아해하며 그를 찾았다.

"어서 오세요. 조 사장님의 이야기는 잘 듣고 있습니다."

"그렇습니까? 그런데 부총리님께서 어쩐 일로…."

"잘 아시겠지만 지금 우리나라 경제 사정이 아주 좋지 않아요. 심각한 외환 위기 상황에 빠졌는데 나라 살림이 너무 부족합니다. 일단 급한 불을 끄려면 일본에서 돈을 빌려와야 해요. 조 사장님께서 그 역할을 좀 해주셨으면 합니다."

"제가 어떻게…. 그나저나 왜 저를 찾으신 겁니까?"

"한진상사가 미8군 군수 물자 수송을 맡은 일을 인상 깊게 들었습니다. 조중훈 사장님이 미군 장교들과 좋은 관계를 맺고 있다고 들었어요. 미군뿐 아니라 일본 기업인들과도 관계가 좋으시다고요?"

"그야 그렇습니다만…."

"돈을 빌려오는 일은 국가적인 일이기도 하지만, 그렇게 접근하면 시간이 너무 오래 걸립니다. 하지만 인간적으로 밀고 나가면 안 될 일도 될 수 있지요."

당시 한국과 일본은 관계가 좋지 않았다. 식민지로부터 벗어난 지도 얼마 되지 않았기에 한일(한국과 일본) 회담을 강력하게 반대하는 이들이 많았다. 그러다 보니 한국과 일본 사이에 제대로 된 교류가 이뤄지지 않고 있었다.

이런 상황에서 공식적으로 차관(한 나라의 정부나 기업, 은행 따위가 외국 정부나 공적 기관으로부터 자금을 빌려 옴, 또는 그 자금)을 들여오는 일은 불난 곳에 기름을 붓는 격일 수 있었다. 대신 민간인이 나서는 방법을 생각한 것이다.

"알겠습니다. 부총리님, 장담할 수는 없지만 해보는 데까지 하겠습니다."

"조 사장님, 모두 나라를 위한 일입니다. 나라가 일어서야 기업도 일어서고 서민들도 잘살지 않겠습니까?"

그의 말은 조중훈의 가슴에 불을 지폈다. 장 부총리의 말대로 조중훈은 미군의 군수 물자 운송을 맡으면서 미군의 장교들과 긴밀한 유대 관계를 맺고 있었다. 그들을 통해 일본 기업인들과도 친분을 맺을 수 있었다. 그러니 한번 부딪혀볼 만한 일이란 생각이 들었다.

조중훈은 그길로 일본으로 날아갔다. 그의 머릿속에 떠오르는 인물이 있었다. 전부터 알고 지낸 다나카 가쿠에이였다. 다나카는 일본인 기업가인 오사노 겐지란 사람의 소개를 받고 알게 된 사람으로 일본 내에서 알아주는 실력파 정치인이었다.

조중훈과 오사노, 다나카, 세 사람은 형제처럼 친하게 지냈다. 그들은 서로 각자의 위치에서 열심히 일하고 있다는 점과, 훌륭한 학벌은 가지고 있지는 않지만 나름대로 성공을 이루었다는 공통점 덕분에 친하게 지냈다.

다나카는 당시 일본의 대장상, 말하자면 재무장관 정도의 위치에 있었다. 차기 수상 자리를 꿈꾸던 야망 있는 인물이기도 했다.

일본으로 향하며 조중훈은 다나카와 만날 생각에 머리가 복잡했다. 한일 회담 반대로 국내에서는 일본에 대한 반감이 커져 있었다. 그 시점에 일본

원리 2

　차관을 들여오면 뭇매를 맞지는 않을까 걱정이 되었다. 또 한편으론 나라 형편이 너무 안 좋았기에 어떻게든 일을 성사시켜야겠다는 생각이 들었다.
　결국 그의 마음은 애국이 최선이란 생각으로 기울었다. 그리고 그는 다나카와 만나 어떻게 담판을 지을 것인지 고심했다.
　밤을 지새며 궁리한 끝에 조중훈은 다나카와 마주 앉았다. 오랜만에 만난 그들은 반가운 마음에 인사를 나누고 서둘러 본론으로 들어갔다. 조중훈은 이리저리 돌려서 말할 것이 아니란 것을 알고 있었기에 단도직입적으로 차관을 빌리러 왔다고 했다.
　다나카는 꽤 놀라는 표정을 지었다. 조중훈은 한국의 실정을 솔직하게 말하며 어차피 한일 회담은 언젠가 이뤄질 것이니 이왕 제공할 것이라면 일을 서둘러 하자고 밀어붙였다.
　다나카 역시 조중훈의 말에 수긍했다. 그러나 그는 그간 한국과 일본 사이에 벌어졌던 껄끄러운 일에 대한 불만을 털어놓았다. 서로의 오해에 의해 벌어진 일이란 걸 알게 된 조중훈은 바로 장 부총리와 연락하여 오해를 풀도록 했다. 사소한 오해가 풀어지자 일본 측에서도 선뜻 2,000만 달러의 협력 기금을 빌려주었다. 이 차관은 우리나라 경제가 일어서는 데에 조금이나마 보탬이 되었다.
　조중훈은 그 후 우리 정부가 일본으로부터 쌀 60만 톤을 들여오는 일에도 적극적으로 도왔다. 당시 우리나라는 흉년으로 식량이 매우 부족했기에 일본으로부터 쌀을 들여와야 했다.
　그때까지 한일 수교가 이루어지지 않았기에 중간에서 일을 해줄 사람이 필요했던 것이다. 한진은 베트남에 진출해 수송업에 한창 바쁠 때였다. 그럼에도 조중훈은 다시 일본으로 날아갔고 쌀이 들어오는 것을 도왔다.

 이 모든 일이 나라를 위한 일이라는 말에 두말없이 보탬을 준 것이다. 만약 사적인 이익을 바라고 한 일이라면 그러한 고생을 하지 않았을지도 모른다. 그러나 일본으로부터 차관을 들여오는 일을 하면서 그가 느낀 바가 있었다. 기업이 사업을 통해 국가에 기여하는 것 말고도 개인적인 인맥과 경험을 통해서도 국익에 도움을 줄 수 있다는 사실이다.

 그는 그때부터 나라를 위해 도움을 줄 수 있는 일이라면 언제든 나서서 도왔고 애국하는 기업인으로 거듭났다.

바덴바덴에서 숨 막히는 시간들

 1분 1초가 숨 막히게 지나갔다. 회의장 안에는 꼴깍꼴깍 침 넘어가는 소리만 크게 들렸다.

 잠시 후 사마란치 국제올림픽조직위원회(IOC) 위원장의 모습이 보였다. 일순간에 모든 사람이 숨소리도 멈춘 채 그의 입에 주목했다. 사마란치 위원장은 잠시 숨을 고른 뒤 마이크에 입에 가져갔다.

 "쎄울(Seoul) 52, 나고야(Nagoya) 27! 쎄울!"

 "와아아!"

 한국 대표단은 '쎄울'이란 말을 듣고 함성을 지른 채 얼싸안았다. 서울의

원리 2

올림픽 개최를 축하하는 박수가 터져 나왔다. 독일의 작은 도시 바덴바덴이 떠나가도록 소리를 지르며 우리 대표단 전원은 눈물을 흘리면서 감격에 젖었다. 이로써 수년간 '88 서울 올림픽'을 개최하기 위해 기울인 노력이 결실을 거두게 된 것이다.

1981년, 올림픽 개최지 결정은 숨 막히는 줄다리기 속에 이뤄낸 성과였다. 수많은 이들이 서울에서 국제올림픽을 개최하기 위해 노력에 노력을 더했기에 더욱 값졌다.

특히 우리나라 정부에서는 수년 전부터 올림픽 개최를 위해 노력을 기울이고 있었다. 그러나 올림픽을 개최하려면 그만큼의 경제적인 뒷받침도 되어야 하고 국제적인 인맥도 필요한 상황이었다. 한국이란 나라는 세계에서 알려지지 않은 작은 나라에 불과했다. 게다가 전쟁으로 인해 분단되었으니 한국에 대한 이미지가 그리 좋지 않았다.

그러나 정부에서는 올림픽 개최에 열을 올렸다. 올림픽으로 인한 경제적 효과도 얻고, 국제적인 이미지도 높이기 위해서였다.

1981년 8월, 한국은 올림픽 유치 대표단을 결성하여 국제올림픽 조직위원회 총회에 참석했다. 그중에는 국내 굴지 기업의 대표인 정주영 회장을 비롯한 여러 인사가 있었다.

조중훈은 그 당시 한국 경제 사절단의 일원으로 스칸디나비아 국가를 순방하고 있었다. 그러던 중 호텔에 있던 그에게 서울에서 전보 한 통이 날아왔다.

'한국 올림픽 유치 대표단이 국제올림픽 조직위원회 총회에 참석하기 위

해 출발합니다. 독일 바덴바덴으로 가서 합류해주십시오.'

두 줄의 전보가 그의 가슴을 울렸다. 올림픽이 국가적으로 중요한 문제라는 걸 알았기에 어떻게든 보탬이 되어야 한다는 생각뿐이었다. 그에게 주어진 임무는 서울의 올림픽 개최를 반대하는 프랑스 조직위원을 설득하는 것이었다.

전보를 받아든 그는 일단 일본으로 향했다. 프랑스가 아닌 일본으로 간 이유가 있었다. 우리나라는 올림픽 개최지를 놓고 일본의 나고야와 경쟁했다. 그러니 적을 먼저 알자는 마음에 일본으로 향한 것이다.

조중훈은 일본 나고야에 갔을 때 어느 정도 승리를 예감했다. 경제적인 부담을 이유로 올림픽을 반대하던 나고야 시민들의 정서를 읽었기 때문이다. 조중훈은 올림픽 유치를 반대하는 내용이 담긴 일본의 유인물을 챙겨든 뒤 프랑스로 향했다.

이미 프랑스와 좋은 관계를 맺고 있던 조중훈은 프랑스 내 올림픽 위원들과 만나 설득에 들어갔다. 나고야에서 챙겨간 유인물을 보여주며 그들의 정서를 전했다. 그리고 한국인들이 얼마나 올림픽 유치를 바라는지 설명했다. 이후 조중훈의 열정에 프랑스 측 위원들은 결국 마음을 돌렸다.

프랑스 위원들의 마음을 산 조중훈은 바덴바덴으로 향했다. 가보니 그곳의 상황은 예상보다 더 좋지 않았다. 서울의 올림픽 개최를 지지하는 예상 인원이 26명, 고려하겠다는 인원이 6명, 찬성도 반대도 아니라는 사람이 34명, 반대가 16명이었다. 절망적이었다. 이제 투표까지 남은 시간은 열흘뿐이었다.

원리 2

"우리가 희망을 걸 곳은 아직 입장이 확실하지 않은 아프리카, 남아메리카 같은 제3국입니다. 그런데 리비아의 아타라불시 위원이 강경하게 반대 입장을 고집하고 있어요."

아타라불시 위원은 아프리카 나라의 대표나 다름없는 존재였다. 그를 공략해야 했다. 조중훈은 투표를 닷새 앞두고 그를 만났다.

"반갑습니다. 저는 한국의 한진그룹의 조중훈이라고 합니다."

"그래요? 그런데 웬일이십니까?"

"리비아 위원이시죠? 리비아와 한국은 같은 배를 탄 개발도상국입니다. 서로 돕지 않는다면 올림픽은 선진국만의 잔치가 되고 말 겁니다. 그러니 이번에 서울에 손을 들어주십시오."

"흠… 아프리카 대표들과 의논해보겠소."

상당히 애매한 대답을 듣고 돌아오는 길에 조중훈은 발걸음이 무거웠다. 그런데 반전이 일어났다. 다음 날 총회에서 아타라불시 위원이 서울 유치를 강력히 지지하며 개발도상국에 기회를 줘야 한다고 열변을 토한 것이다.

그의 열변은 아프리카 대표들에게 영향을 미쳤다. 결국 투표를 하는 날 서울 52표, 나고야 27표라는 예상치 못한 결과를 나타냈다. 이것은 곧 바덴바덴의 기적이었다. 그리고 조중훈을 비롯한 많은 기업인들이 온 열정과 마음을 다한 결과였다.

마침내 1988년, 서울 올림픽은 성공리에 개최되어 한국을 세계에 알리는 기회가 되었다. 올림픽을 계기로 한국경제는 더 크게 발전할 수 있었다.

88 서울 올림픽 유치의 숨은 공신이었던 조중훈은 이밖에도 보이지 않는

곳에서 자신의 힘을 보태는 일에 기꺼이 나섰다. 국익을 위한 일이라면 아무런 대가 없이 뛸 수 있다는 그만의 애국심 덕분이었다.

민간 외교관

한국의 경제가 성장함에 따라 기업이 미치는 영향도 상당히 컸다. 기업이 사업을 통해 돈을 벌어들여 사회에 미치는 경제적인 효과도 있었지만 무엇보다 기업인들이 국제 사회에 미친 영향이 컸다.

외국과 거래하는 기업은 사업으로 맺은 인연을 통해 나라와 나라를 잇는 다리 역할을 했다. 그래서 그들을 민간 외교사절단이라 부르기도 한다.

조중훈 역시 한국경제가 성장하는 시기에 민간 외교관으로서 큰 역할을 했다. 그는 국익을 위하는 일이라면 대가를 바라지 않고 뛰었다. 오히려 세계와 한국을 연결하는 국적 항공사의 대표로서 보이지 않는 곳에서 민간 외교관의 몫을 수행한 사실을 자랑스럽게 여겼다.

1971년, 조중훈은 정부로부터 에어 버스 항공기 6대를 구매해달라는 요청을 받았다. 당시 대한항공으로선 받아들이기에 무리한 부탁이었다. 그럼에도 '국익을 위한 일'이라는 말에 두말하지 않고 받아들였다.

그것을 인연으로 대한항공은 2년 뒤 국내 최초로 서울-파리 간 취항권을 따냈고, 유럽의 심장이라고 하는 프랑스에 진출할 수 있는 기회를 얻었다.

원리 2

　이 인연을 시작으로 조중훈에게 맡겨진 일은 '한불 경제협력위원장'이었다. 한국과 프랑스 사이의 경제 협력이 잘 이뤄지도록 돕는 역할이었다. 그때부터 시작된 프랑스와의 인연은 20년간 이어졌다. 조중훈은 한국과 프랑스 사이의 경제적인 협력뿐 아니라 민간 차원에서 교류도 활발해지도록 애썼다.

　1990년, 어느 날 조중훈은 프랑스로부터 한 통의 편지를 받았다. 조중훈에게 훈장을 수여한다는 내용이었다.

　"회장님, 프랑스 정부가 회장님께 '레종 도뇌르 그랑 오피시에' 훈장을 수여하겠답니다."

　레종 도뇌르 그랑 오피시에라는 훈장은 프랑스 정부가 외국 국가원수들에게 최고 예우로 수여하는 훈장이었다. 그렇게 귀한 훈장을 그에게 수여한다는 것은 그만큼 프랑스에 기여한 공을 인정한다는 뜻이었다. 이미 세 차례나 훈장을 받은 바 있었지만 네 번째 훈장은 참으로 의미가 깊었다.

　이렇게 프랑스로부터 인정을 받은 조중훈이었지만 그는 한 나라와의 교류에만 치우치지 않았다. 대한항공 국적기가 닿는 곳은 어디나 우리 땅이라는 신념이 있었기에 취항하는 나라들과 민간 외교를 다지는 일에 소홀하지 않았다.

　프랑스를 통해 관계를 맺게 된 독일, 오스트리아, 네덜란드, 벨기에, 몽골 등 그는 많은 국가들과 협력 관계를 맺었다. 그로 인해 그들 정부로부터 받은 훈장이 9개나 될 정도로 그는 민간 외교 부문에서 큰 활약을 보였다. 정부 관계자가 아닌 민간인으로서 그동안 없었던 일이었다.

160 조중훈처럼 땅과 하늘과 바다의 길을 연 대한민국 수송계의 거목

원리 2

그중에서도 특히 몽골과 인연이 깊었다. 1990년, 한국 정부는 몽골과 수교를 맺었다. 당시 대한항공은 몽골 노선도 확보되지 않은 상태였고 전혀 교류가 없었다. 그럼에도 조중훈은 새로 수교를 맺은 몽골을 위해 뭔가 하고 싶은 마음이 있었다.

"주한 몽골 대사에게 연락을 좀 넣어보게나."

그리고 조중훈은 한 번도 만난 적 없는 주한 몽골 대사를 만나는 자리를 마련했다. 그 자리에서 조중훈은 우르쥔훈데브 주한 몽골 대사에게 이렇게 말했다.

"이번에 수교를 맺게 된 것 축하드립니다. 제가 이번에 비행기 한 대를 몽골에 기증하고 싶습니다."

"네? 아니 갑자기 웬 비행기를…."

"허허, 아무 조건 없이 드리는 겁니다. 그러니 정부에 제 의견을 전달해주시면 감사하겠습니다."

정말로 아무 조건 없이 몽골과의 관계를 위해 비행기를 기증한 것이었다. 몽골 정부에서는 고마워하며 비행기를 받았다. 그리고 1992년, 대한항공이 기증한 비행기는 몽골 항공사 마크를 달고 하늘로 날아올랐다.

그것을 계기로 대한항공과의 관계도 매우 가까워졌다. 유라시아 대륙 한가운데 고립되어 있던 몽골은 자신의 나라에 날개를 달아준 대한항공 조중훈에게 감사의 뜻을 전하며 훈장을 수여했고, 대한항공의 유럽행 비행기에 기꺼이 하늘을 열어주었다.

그 후 조중훈은 다시 답례 차원에서 몽골 학생에게 무상으로 유학을 지원하는 장학 프로그램을 시작했다. 이렇듯 몽골과의 친근한 관계 덕분에 1996년에는 서울과 몽골의 울란바토르를 연결하는 대한항공 정기 전세편이 첫 취항하며 한몽(한국과 몽골) 간의 경제 교류도 문을 열었다. 한국과 몽골 사이의 교역은 거의 없었지만, 비행기가 오고 가게 된 뒤에는 두 나라 사이의 교역량이 눈에 띄게 늘어났다.

이렇게 놀라운 결과를 가져온 것은 조중훈의 조건 없는 우정과 나라를 위해 뭔가 보탬이 되고자 하는 마음 덕분이었다.

그의 이런 순수한 마음을 몽골 측은 더욱 고마워했다. 몽골의 대통령은 한국을 방문할 때면 공식 일정 전에 그를 먼저 만날 정도로 엄청난 신뢰를 보냈다. 1995년에는 오치르바트 몽골 전 대통령이 조중훈 회장에게 말 한 필을 선물로 보내며 감사의 마음을 보였다.

"우리 선조들이 말을 타고 전 세계를 누볐듯이 현재 몽골 사람들은 비행기를 타고 세계로 뻗어나가고 있습니다. 선조들의 말을 현대적인 비행기로 대신해준 조 회장에게 드릴 수 있는 가장 값진 선물을 전합니다."

조중훈은 그때 받은 말을 소중히 여기며 사랑했다. 이처럼 조중훈은 일본을 비롯한 프랑스, 미국, 유럽, 중동, 몽골에 이르기까지 민간 외교관을 자처하며 많은 일을 도왔다. 국익을 위해 사익을 버리겠다는 의지가 빚어낸 결과는 눈부셨다. 열리지 않을 것 같던 나라의 문이 열리면서 동시에 하늘길도 열린 것이다.

조중훈의
성공법칙

수송보국,
기업보다 나라가 먼저다!

어떤 사람들은 오로지 돈을 벌기 위해 기업을 한다. 물론 기업이 이윤을 내고 이익을 나누며 경제활동을 하는 것은 당연하지만 돈만을 좇다 보면 가장 중요한 것을 놓치기 쉽다.

조중훈이 평생토록 수송업을 하기로 결심했던 이유는 수송업을 통해 나라에 보탬이 되겠다는 '수송보국' 정신이 있었기 때문이다. 만약 그가 자기만 잘먹고 잘살기를 원했다면 얼마든지 돈이 되는 다른 일을 할 수도 있었을 것이다. 그러나 조중훈은 그 당시 나라에 반드시 필요한 사업이 수송업이란 사실을 깨닫고 끝까지 수송업을 고집했다.

그는 사업을 하며 나라에 도움이 되지 않는 일은 과감하게 포기했다. 소련의 민간기 격추 사건이 일어났을 때도 소련으로의 취항을 미루며 그들에게 사과를 받아냈다. 비공식적인 사과였지만 우리 정부의 체면을 세워주는 일이 먼저라고 여겼기에 사과를 받아낸 뒤 소련으로의 취항을 결정했다.

또한 나라의 도움이 되는 일이라면 어느 나라건 날아가 자신의 인맥을 동원해 힘을 보탰다. 그 결과 우리나라의 경제를 한 단계 성장시킨 88 서울 올림픽을 개최하는 데 큰 역할을 했다. 그리고 프랑스, 몽골, 중국, 일본 등 다른 나라와 껄끄러운 일이 일어났을 땐 민간 외교관으로서의 역할도 함께했다. 이 모든 일이 자신에게 별다른 큰 이익이 되는 건 아니었지만 국익이 먼저라는 생각에 과감히 뛰어들었다.

수송보국의 철학, 수송업을 통해 나라에 보답한다는 조중훈의 기업 철학이 있었기에 한진은 사명과 책임감을 가진 특별한 기업이 될 수 있었다.

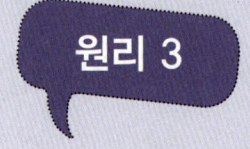

경영에 날개를 달아라

남들과 똑같이 해선 안 됩니다.
어려운 때일수록 남들과는 다른 것,
상식을 뛰어넘는 창의적인 생각과 아이디어를 찾아야 합니다.
그것만이 살아남는 길이에요!

원리 3

창의 경영

길 위에 날 것, 탈 것을 만들자

"이거 한번 읽어보세요."
"아니, 이게 무슨 책입니까?"
"최근에 내가 읽은 책인데 여기에 '고장력강'이란 신소재 이야기가 나옵니다. 그걸로 컨테이너선을 건조하면 어떻겠습니까?"
"네? 고장력강이요?".

이름도 생소한 '고장력강(高張力鋼, High tensile steel, 보통의 강철보다 가벼우면서도 강한 것이 특징인 강철)'에 대한 이야기에 임원진은 잔뜩 긴장했다. 그도 그럴 것이 1·2차 석유 파동을 겪으면서 회사의 손실도 컸기에 가능한 투자보다는 손실을 줄일 수 있는 경영을 원하고 있는 시점이었기 때문이다.

그런데 조중훈은 가뜩이나 어려운 상황에서 새로운 소재로 컨테이너선을 만들어보자는 제안을 한 것이다. 어리둥절한 임원들은 일단 그가 말한 고장력강이란 소재에 대해 알아보기 시작했다.

"고장력강은 최근에 개발된 신소재입니다. 이론상으로 볼 때 신소재로서는 획기적인 제품인 것 같네요."

임원들은 자신들보다 먼저 최신 정보를 꿰고 있는 조중훈의 박식함에 놀라워했다.

"그런데, 문제가 있습니다. 고장력강으로 이용해 만든 선박이 아직 없었다는 겁니다. 그러한 사례도 없이 많은 돈을 들여 선박을 만든다는 건 너무 위험 부담이 크지 않겠습니까?"

임원들 사이에 의견이 갈렸다. 하지만 조중훈의 생각은 확고했다. 그는 전 세계적으로 다른 기업들도 어려운 것은 마찬가지이고, 남보다 빨리 위기를 극복하려면 남하고는 다른 경영 방식을 선택해야 한다고 생각했다.

"남들과 똑같이 해선 안 됩니다. 어려운 때일수록 남들과는 다른 것, 상식을 뛰어넘는 창의적인 생각과 아이디어를 찾아야 합니다. 그것만이 살아남는 길이에요!"

고장력강을 소재로 배를 만들면, 배의 몸통 두께를 5밀리 정도 더 줄이면서 강도(금속의 단단하고 센 정도)는 그대로 유지할 수 있었다. 그렇게 되면 실을 수 있는 화물의 수량도 30퍼센트나 더 늘어나 다른 회사와의 경쟁에서 더욱 유리해질 것이었다.

조중훈은 그길로 임원들과 함께 일본으로 날아가 고장력강을 개발한 사람들을 만났다. 관련 전문가를 만나 여러 차례 토론을 한 결과, 가능성이 있다는 결론을 내렸다.

"회장님, 일본의 히타치조선에 고장력강으로 만든 컨테이너선을 주문했

원리 3

습니다."

"수고했어요. 기다려봅시다. 얼마나 멋진 배가 나오는지…."

이후 고장력강을 이용한 화물선이 완성돼 모습을 드러냈다. 일본에서조차 한 번도 고장력강으로 배를 만든 선례가 없었기에 미심쩍어 했지만, 결과는 대만족이었다.

"회장님, 고장력강으로 만든 '한진 뉴욕 호'입니다."

조중훈이 직접 이름 붙인 한진 뉴욕 호는 매우 뛰어난 성능을 자랑했다. 당시 다른 화물선의 최고 속력보다 더 높은, 24노트(knot, 선박·항공기 등의 속력을 나타내는 단위로, 24노트이면 약 시속 44킬로미터에 해당함)로 가장 빨랐고, 다른 화물선보다 연료도 훨씬 덜 들었다. 게다가 선박을 건조할 때 드는 비용까지 40퍼센트 넘게 줄었다.

젊었을 때 선박 기술자로 일한 적이 있던 조중훈은 선체의 무게가 줄어들수록 실을 수 있는 화물의 양은 늘고 원료비는 절감된다는 원리를 알고 있었다.

한진 뉴욕 호의 등장에 모든 해운 업계가 주목했다. 새로운 선박을 만들어냄으로써 해운업의 발전을 한 단계 앞당겼기 때문이다.

"조 회장님, 정말 대단하십니다. 세계 해운업 발전의 역사를 십 년은 앞당겼을 것입니다."

한진해운은 고장력강 화물선을 시작으로 더욱더 성장해갔다. 이후 화물 컨테이너 하역 시스템을 최초로 도입하기도 했는데, 이러한 창의적인 시도와 과감한 투자는 한진해운에게 날개를 달아주었다.

항공사식 경영

"경영에도 여러 가지 방법이 있지만, '항공사식 경영'이 지금 이 시대에 가장 필요한 방법이란 생각이 듭니다."

그는 이처럼 한 기업의 대표로서 경영 방식에 대해 많이 고민했다.

'어떻게 하면 손실을 최대한 줄이는 경영을 할 수 있을까. 어떻게 하면 가장 효율적인 경영을 할 수 있을까.'

원리 3

늘 그의 머릿속엔 이 생각뿐이었다. 특히 대한항공을 인수한 뒤부터 이런 고민은 더욱 커졌다. 워낙 부실한 기업이었기 때문에 세계적인 항공사로 발돋움하기 위해서는 많은 준비가 필요했다.

많은 생각과 토론 끝에 조중훈은 '항공사식 경영'을 탄생시켰다. 대한항공 직원들과 함께 머리를 맞대고 경비를 줄이고 아낄 수 있는 방법을 찾은 것이다. 그렇게 해서 탄생한 '항공사식 경영'은 대한항공을 세계적인 항공사로 끌어올리는 데 큰 역할을 했다.

"경비를 절감하는 데 우리 모두 힘을 보탭시다. 우리가 어떻게 운영하느냐에 따라서 지금의 위기를 극복할 수 있어요. 항공기의 좌석을 되도록 모두 채우도록 하고, 화물을 가능한 100퍼센트 실을 수 있는 방법들을 함께 찾아봅시다."

"예, 알겠습니다."

조중훈 회장의 항공사식 경영은 항공사 경영의 기본으로 꼽히는 '공석률 감축'이었다. 즉, 비행기가 빈 채로 돌아오는 일이 없도록 하여 최대한 낭비를 줄이는 것이었다. 이러한 새로운 경영을 시작해 대한항공은 단시간 내에 빠른 성장을 이룰 수 있었다.

이러한 창의적인 경영 방식은 한진해운에서도 이어졌다. 대한선주를 인수하고 본격적으로 해운업을 시작한 1987년 즈음이었다. 당시 부실기업을 인수한 뒤 한진해운은 덩치만 커진 해운 회사에 불과했다.

"한진해운도 경영의 혁신이 필요합니다. 항공과 해운은 다를 거라 생각할 테지만 그렇지 않습니다."

창의 경영

조중훈은 먼저 대한항공의 우수 인력들을 해운업에 보내 어떻게 하면 경비를 절감할 수 있을지 과학적이고 체계적인 방법을 연구하도록 했다.

"선박이 쉬지 않고 운항할 수 있도록 하는 게 중요합니다."

"그렇지! 항공과 마찬가지로 배가 항구에 오래 머물 필요가 없어요. 다른 선장이 도착 장소에서 임무를 교대해서 화물을 싣고 오면 그만큼 선박의 가동률을 높일 수 있을 겁니다."

한진해운은 쉬지 않고 선박을 운항하기 위한 방법들을 고민했다. 그리고 승무원 교체 방식을 해운업에 도입했다.

그때까지만 해도 선박에 오른 선원들은 6개월마다 한 달씩 배에서 내려 휴가를 갖도록 되어 있었다. 선박 항해 일정이라는 것이 변화가 심해 1년 가까이 하선하지 못하는 배도 종종 있었다. 또 하선을 하더라도 일정이 늦춰지는 경우도 많았던 터라 선원들의 고충이 많았다.

이러한 문제점들을 승무원 교체 방식을 통해 해결했다. 정확히 6개월이 되는 때에 선원들을 가까운 항구에 내려주고, 교대할 인원을 항공편으로 현지에 파견하여 선원들이 6개월마다 정확히 바뀔 수 있도록 한 것이다. 이로써 선원들의 불편을 해결하면서, 선박도 차질 없이 일정을 소화할 수 있도록 하였다.

이밖에 온라인 전산 시스템도 한진해운에 적용했다. 온라인 전산 시스템은 항공화물을 운송할 때 사용되는 방식이었다. 조중훈은 한진해운에도 이 방법을 사용한다면 시간을 단축시키는 데 효과적일 것이라고 생각했다.

이후 한진해운은 해운 업계 최초로 'HANCOS'라는 전산 시스템을 시작했다. 이 전산 시스템을 통해 실시간으로 화물을 관리할 수 있었고, 추적 시스템을 통해 선박이 어떻게 운항되고 있는지, 예약은 얼마나 되었는지, 화물은 얼마나 실렸는지 등의 정보를 배의 주인에게 알려줄 수 있었다. 이로써 고객들로부터 큰 호응을 얻었다.

다른 해운 업계에서는 생각지도 못한 최첨단 컴퓨터를 도입해 최고의 서비스를 제공하니, 대한선주를 인수했을 때 130억 원 적자를 냈던 한진해운은 이듬해에 126억 원 흑자를 냈고, 1993년에는 1,087억 원 흑자로 이어지는 결과를 만들어냈다.

창의적 경영은 여기서 그치지 않았다. 그는 누구보다 사람을 중요하게 여기는 기업인이었다. 기업은 일보다는 사람이 먼저라는 생각이 있었기에 사람을 먼저 위하려 애썼다. 그 일환으로 '가족 동승 제도'를 시작했다.

"여러분, 거친 파도와 극심한 외로움에 많이 힘드실 겁니다. 여러분을 조금이나마 위로하기 위해 가족 동승 제도를 시작하려 합니다. 가족이 함께 항해길에 오를 수 있도록 해, 집안의 가장인 우리 직원들에게 힘을 줄 수 있도록 하겠습니다. 그게 우리 경영진들이 할 수 있는 일입니다."

가족 동승 제도는 당시 해운 업계에서는 혁명이나 다름없었다. 이 제도를 통해 선원들은 회사에 더욱 애정을 느끼며 일을 열심히 하게 되었다. 자신이 다니는 기업이, 자신의 가족과 자신의 외로움까지 알고 배려해주는 기업이라는 생각이 들었기 때문이다.

조중훈은 한진그룹이라는 큰 기업을 이끌어가는 동안 남들과 같은 방법, 과거에 해왔던 방법을 고집하지 않았다. 다소 무모해 보이더라도 더 좋은 방법이라고 생각되는 것을 과감하게 선택했고, 다른 사람과는 다른 창의적인 방법과 남들이 생각지 못한 기발한 방법을 경영에 도입하는 것을 즐겨했다.

그 결과 대한항공은 짧은 시간 내에 동남아 꼴찌 항공사에서 세계적인 항공사로 어깨를 나란히 할 수 있었고, 한진해운은 오대양 육대주를 항해하며 물류를 이동하는 세계적인 해운 회사가 될 수 있었다.

원리 3

인재 경영의 날개를 달고

민간 조종사 양성

조중훈은 제주도와 인연이 깊다. 제주와의 인연은 조중훈이 항공업에 뛰어들고 난 뒤 시작되었다.

조중훈이 사업을 시작할 즈음, 제주도는 관광지로 개발되기 전이었다. 하지만 그는 제주도가 세계적 관광지가 될 것이라 예상했다. 이에 항공기를 집중적으로 투입했고 신혼여행객들이 제주도로 몰리기 시작했다.

그렇게 제주와 인연을 맺은 조중훈은 또 다른 계획을 세웠다. 이것도 남들은 생각하지 못했던 것이다.

우선 조중훈은 아무도 거들떠보지 않던 황무지를 사들여 목장을 만들었다. 그가 목장을 시작한 것은 정부의 축산업 정책에 따르기 위해서이기도 했지만, 사실은 다른 목적이 있었다. 목장 곁에 활주로를 만들어 조종사를 훈련하는 기관을 만들기 위해서였다.

조중훈은 일단 땅을 일구는 작업에 들어갔다. 하지만 이것이 쉽지 않았다. 돌밭에 가까운 땅에서는 하루에도 트럭 수십 대 분량의 돌이 나올 정도였다. 그러나 조중훈은 불굴의 의지로 차츰차츰 목장의 모습을 만들어갔다.

수풀로 뒤덮인 길의 입구를 정리하고 전기와 통신, 식수 시설도 들였다. 전기는 그의 아이디어로 풍차를 이용한 발전 시스템으로 생산했다. 국내 최초로 풍력발전기를 설치해 자체적으로 생산한 전기로 목장의 불을 밝힌 것이다. 이로써 '제동목장'이 완성됐다.

아름다운 제주의 푸른 목장에서 한가롭게 풀을 뜯고 있는 소들을 볼 때면 조중훈은 마음이 편안해짐을 느꼈다. 비록 목장으로 인한 수입은 기대에 못 미쳤지만 크게 상관하지 않았다.

어느 정도 목장이 운영되면서 그는 애초의 목적대로 기초비행 훈련원을 개설했다.

원리 3

"우리는 이제 제주에서 기초비행 훈련을 시행할 것입니다. 현재 대한항공은 세계적인 항공사로 성장하고 있습니다. 그러려면 인재 양성이 무엇보다 중요합니다. 지금의 인원으로는 부족합니다. 자체적으로 민간 조종사를 양성하는 일이 꼭 필요합니다. 그 역할을 기초비행 훈련원이 할 것입니다."

이로써 1989년 관제탑과 훈련기를 갖춘 기초비행 훈련원이 개설되었다. 대한항공은 자체 활주로와 조종사 양성 기관을 갖춘 세계 유일의 항공사가 되었다.

그런데 인재 양성에 박차를 가하려던 즈음, 예상치 못한 일이 벌어졌다. 제동목장이 문제가 된 것이다. 당시 정부에서 재벌들의 부동산 투기를 집중적으로 단속하던 때 제주도에 있는 제동목장이 거론되었다. 한진그룹이 투기를 목적으로 제동목장을 설립했다는 것이었다. 조중훈은 허탈했다. 어렵게 돌을 캐고 길을 닦아 활주로를 만들었건만 그것이 돈을 벌려는 목적이었다니, 게다가 빨리 목장을 팔라고 재촉하니 너무 안타까운 일이었다.

그러나 어쩌겠는가. 그는 담담히 정부의 뜻을 따르기로 했다. 하지만 제동목장을 파는 건 자신이 투기 목적으로 목장을 경영했다는 것을 인정하는 것이었기에, 목장을 파는 것 대신 장학재단에 기부하는 방법을 선택했다.

하지만 조중훈은 민간 조종사 양성에 대한 꿈을 포기하지 않았다. 그는 훈련원에 465억 원이란 큰돈을 투입하여, 대형 점보기의 이륙과 착륙이 가능한 넓은 활주로를 추가로 건설했다.

조중훈은 가끔 제주로 가서 비행훈련장을 돌아보았다. 미래의 조종사로서 세계를 누빌 그들에게 부족한 것은 없는지 자주 살피며 격려했다.

인재가 힘이다

대한항공을 인수하고 10여 년이 지난 시점의 일이었다. 대한항공은 미주 노선 취항을 성공시키고 세계로 눈을 돌리고 있었다. 하루는 조중훈이 한 직원을 불렀다. 그는 해외 출장을 마치고 막 귀국한 상태였다.

"바레인에 좀 다녀오게"

"네? 아니 무슨 일이신지…."

"…."

달랑 한 마디 던진 채 다음은 어떠한 지시도 내리지 않았다. 이에 그 직원은 조중훈의 말만 듣고 중동으로 향했다. 그는 너무 막막했지만 무슨 일이든 해야겠다는 마음에 무작정 바레인 항공국장을 찾아갔다. 아직 중동 취항이 되지 않은 상태였으니 대한항공으로서는 항공 협정이 필요한 때였다.

항공국장과 만나 항공 협정을 맺는 과정은 순탄치 않았다. 하지만 직원은 우여곡절 끝에 정식 취항은 아니지만 1년짜리 바레인 노선 취항권을 얻어 귀국길에 올랐다. 성과를 올리고 돌아온 그는 조중훈에게 투정 섞인 말을 했다.

"회장님, 말씀을 구체적으로 해주시면 더 좋지 않겠습니까…. 항공사니까 일단 취항권을 얻어오긴 했지만 그래도 마음고생이 심했습니다."

"이 사람아! 물론 그렇게 할 수 있었지. 하지만 그랬다면 자넨 내가 시키는 일만 했을 게 아닌가? 그럼 자넨 나의 복사본밖에 더 되지 않겠어?"

원리 3

조중훈은 인재를 훈련시킬 때 '스파르타식'이었다. 능력 있는 인재로 키우겠다는 생각이 없었다면 이런 방법도 쓰지 않았을 것이다.

그는 인재를 양성하는 일은 다른 사업 못지않게 신경을 썼다. 한진그룹은 1988년 3월 국내 최초로 사내대학인 '대한항공 산업대학'을 설립했다. 직원들을 훌륭한 인재로 양성하겠다는 목적이었다.

"여러분, 저도 주경야독(晝耕夜讀, 낮에는 농사를 짓고 밤에는 글을 읽는다는 뜻으로, 어려운 환경 속에서도 꿋꿋이 공부함을 이르는 말)하며 공부했던 사람인 만큼 배우지 못한 설움을 잘 알고 있습니다. 여러분들은 지금껏 하지 못했던 공부를 사내대학에서 마음껏 하시기 바랍니다."

대한항공 산업대학에는 항공기계과와 항공전자과가 개설되었다. 그 당시 고등학교만 졸업한 직원이 많았는데, 사내대학에 대한 반응은 폭발적이었다. 뒤늦게 공부를 시작한 이들은 최선을 다해 공부했다.

"회장님, 감사합니다. 정말 공부하고 싶었는데 배울 만한 기회가 있었어야 말이지요. 그런데 제 평생의 한을 이렇게 풀어주시네요."

직원들은 이런 감사의 뜻을 전해왔다.

"사람에게 배움의 시기는 따로 정해져 있지 않습니다. 평생을 배우면서 사는 게 인생입니다. 그러니 이번 기회에 열심히 배우세요."

이처럼 주경야독하는 직원들을 향한 조중훈의 애정은 남달랐다. 이에 사내대학을 그룹 전체로 확대하기로 결심했다. 1991년 3월에는 대한항공 산업대학이 한진그룹 전 직원을 대상으로 하는 '한진산업대학'으로 다시 탄생됐다.

그룹 전체로 확대되다 보니 전공과목도 늘어났다. 조선공학과와 기계공학과, 경영학과, 산업공학과 등의 과목이 새로 늘어났고, 그룹 직원들 사이에 '대학 바람'이 불기 시작했다. 그들의 학업에 대한 열정을 직접 본 조중훈은 그들을 높이 평가했다.

"한진산업대학 졸업생에게는 4년제 대졸 사원에 준하는 대우를 보장하시오."

"회장님, 안 됩니다. 다른 대졸 사원들과 형평성 문제도 있는데요…."

"학벌(출신 학교의 사회적 지위)로 대우받는 시대는 이미 지났소."

그는 직원들의 손을 들어주었다. 이후 한진산업대학은 사내대학의 좋은 선례를 남기며 다른 기업에도 적지 않은 영향을 끼쳤다.

조중훈의 사내대학에 대한 애정은 각별했다. 어떤 일정이 있더라도 사내대학 졸업식은 만사를 제쳐두고 참석했다. 직원들의 뜨거운 학구열은 조중훈에게 큰 감동을 주었고 큰 자극이 되었다.

이처럼 조중훈은 인재를 잘 뽑는 것도 중요하지만 좋은 인재가 될 수 있도록 환경을 제공하는 것이 기업의 수장이 해야 할 몫이라고 생각했다. 한진산업대학은 한진그룹의 중요한 인재 양성소로 성장했다. 그 속엔 조중훈 회장의 직원들에 대한 남다른 애정이 담겨 있었다.

원리 3

정석대로 걸어온 삶

"회장님, 그건 어렵습니다. 돌산을 깎겠다니요."

"해봅시다. 그래도 우리 아이들이 공부해야 할 곳인데 돌산이 아니라 뭔들 못 깎겠어요?"

조중훈은 밀어붙였다. 사람들은 그 모습을 보며 혀를 내둘렀다. 기업을 만드는 것도 아니고 중·고등학교를 세우는 데 돌산을 깎을 정도로 신경을 쓰다니, 그의 정성이 놀라울 따름이었다.

얼마 뒤 인천 앞바다와 인천 시가지가 동서남북으로 훤히 내려다보이는 곳에 인하 중·고등학교가 세워졌다. 조중훈은 모름지기 공부하는 학생들은 높은 이상을 가지고 보다 넓게 세상을 바라봐야 한다고 생각했기에, 높은 곳에 학교를 세운 것이었다.

이렇게 세워진 인하학원을 돌아보며 조중훈은 가슴이 뿌듯해짐을 느꼈다. 교육에 대한 그의 남다른 사명감이 빚은 결과물이었기 때문이다.

사실 그는 그동안 기업을 이끌어오며 사업가로서 어떻게 하면 사회에 좋은 영향을 끼치고 이바지할 수 있을 것인지를 고민했다. '번 돈을 어떻게 하면 가치 있게 쓸 것인가'를 고민한 것이다.

조중훈은 이에 가장 적합한 것이 '교육'이라고 생각했다. 수송 사업을 통해 나라와 국민이 행복해지는 데 힘을 보탰던 것처럼, 교육 사업으로 국익에 힘을 보태고자 한 것이다.

그랬기 때문에 정부에서 인하학원의 인수를 요청했을 때도 두말없이 받아들일 수 있었다. 1954년, 이승만 대통령의 교육에 대한 열정으로 세워진 인하공과대학은 설립 취지는 아주 훌륭했으나 정권이 바뀌는 과정 속에서 심각한 재정난을 겪었다. 이에 정부에서는 더 이상 학교를 방치할 수 없어 학교를 경영할 후원자를 찾다가 조중훈에게 인수 요청을 했다.

조중훈도 자금 면에서 그다지 여유는 없었지만 학교를 맡기로 했다. 그리고 학교 주변을 정리하고 주민들과 생활 공간이 겹치지 않도록 단장하며 '인하학원'의 기틀을 잡아갔다.

"인하공대가 종합대학교로 승격(지위나 등급이 오름)할 수 있도록 노력합시다."

이후 '인하공대'는 종합대학교인 '인하대학교'로 승격되었다. 조중훈은 교수들의 연구와 해외 교류를 위한 기금을 조성하고, 학교 내의 실험 실습 기구를 늘리는 데 투자하며 학교가 성장할 수 있도록 발판을 마련했다. 또한 의과대학의 필요성을 느껴 부속병원도 짓기 시작했다.

조중훈은 자신의 개인 재산을 내놓으며 교육 사업에 아낌없이 투자했지만 그 사실을 바깥으로 결코 드러내지 않았다. 남에게 보이기 위해 했던 것들도 아니었고, 그것으로 어떤 대가를 바란 것도 아니었기 때문이었다. 그는 교육 사업을 할 때는 더욱 조심스럽고 겸손하게 임했다.

인하학원을 10여 년 동안 이끌어오던 어느 날이었다. 1978년 봄, 박정희 대통령이 조중훈을 찾았다.

"조 회장님, 대한항공을 인수해서 잘 경영해주고 계시는데 한 가지 부탁을 더 드려야겠습니다."

원리 3

"예, 말씀해보십시오."

"항공대학교를 인수해서 제대로 좀 키워주셨으면 합니다."

"항공대를요? 그곳은 정부에서 세운 학교가 아닙니까?"

"그렇습니다만, 나라 재정으로 도저히 전문적인 교육을 지원할 여력이 안 됩니다. 그러니 민간 기업에서 인수하는 편이 나을 것 같습니다. 항공대이니 대한항공에서 인재를 양성한다는 의미가 있지 않겠습니까?"

조중훈은 항공대학교를 인수하는 것도 두말없이 수락했다. 그 역시도 항공사를 운영하려면 항공 인력이 꼭 필요하다고 생각했기 때문이다. 이미 인하학원을 맡아 운영하고 있었기에 그리 생소한 일도 아니었다. 게다가 그 당시 항공 인력이라면 거의 찾아보기 힘든 시절이었으니, 자신이라도 나서서 항공 전문 인력을 양성해야 한다는 생각이 들었다.

1978년 12월 22일, 그는 자신의 호를 딴 '정석학원' 설립 신청을 마쳤다. 그리고 예고 없이 항공대학교 캠퍼스를 찾았다. 항공대학교는 생각보다 훨씬 심각한 상황이었다. 학교 안을 둘러보니 제대로 관리되지 않은 채 잡풀이 여기저기 자라고 있었다. 학생 수는 700명이었고 개설학과는 5개에 불과할 정도로 규모가 작았다.

1979년 '한국항공대학' 초대 이사장에 취임한 조중훈은 본격적인 투자를 시작했다.

"이제 항공대는 항공공고, 항공전문대학, 항공대학원을 설립하고 대한항공 기술연구소를 이전해, 이곳을 항공 교육과 산학협력의 중심지로 만들겠습니다."

이토록 인재 양성에 열정을 다했지만 어느 날 생각지 못한 난관에 부딪혔다.

"회장님, 박 대통령의 갑작스런 서거로 인해 항공대 인근 지역이 개발제한 지역으로 묶였답니다."

"뭐야? 이런….'

정부의 허락 없이는 벽돌 한 장도 얹을 수 없는 상황이 된 것이다. 그러나 조중훈은 멈추지 않았다. 항공대 학생들을 위해서 대만에서 들여온 PC6 항공기와 최고급 훈련기종 비행기도 기증했고 계속해서 대학 발전에 힘을 보탰다.

그렇게 시간이 흐르고 1994년, 마침내 정부로부터 개발 허가가 떨어졌다. 드디어 조중훈이 15년 전에 계획했던 것을 실현할 기회를 얻은 것이었다.

그는 500억 원을 투입해 부지를 사들이고 시설을 신축하기 시작했다. 항공대는 하루가 다르게 바뀌어갔다. 이곳을 거쳐간 인재들은 국내외 항공 관련 연구소를 비롯한 유수한 항공 업체, 공공기관 등에 진출하여 항공업 발전에 기여했다.

한국항공대학은 작지만 강한 특성화 대학으로서 세계의 유수한 항공대학과 활발히 교류하며 오늘날까지 훌륭한 항공 전문 인력 양성소로 거듭나고 있다.

조중훈은 평소 '종신지계 막여수인(終身之計 莫如樹人)'이란 말을 즐겨했다. '사람의 일평생 계획 중에 가장 뜻있는 사업은 인재를 키우는 것'이라는 의미다.

원리 3

　조중훈은 인재를 키우는 교육 사업만큼은 이윤을 따지지 않았고 무조건 헌신적으로 임했다. 지금도 인하학원, 정석학원에는 교육에 대한 남다른 사명감과 애정을 보였던 조중훈의 땀과 열정이 배어 있다. 평생토록 인재를 키우는 것이 가장 뜻있는 일이라는 철학을 가졌던 조중훈이 세상에 남긴 또 하나의 선물이다.

아름다운 퇴진

미래의 날개를 달아라

한번은 조중훈 회장이 런던을 방문했을 때였다. 당시 지점장으로 있던 이에게 그가 대뜸 물었다.

"요즘 한국 승객들이 이곳에서 뭘 많이 사는가?"

"네… 요즘은 영국의 '버버리(Burberry)' 제품이 가장 인기입니다."

또 다음 날이 되었다. 조 회장은 다시 지점장에게 물었다.

"한국 승객들이 요즘 제일 많이 사는 게 뭔가?"

거듭된 질문에 지점장은 잠시 고민했다. 조중훈이 그러한 질문을 한 데는 분명 어떤 뜻이 있을 터였다. 그래서 이번에는 다른 대답을 내놓았다.

"도자기나 골동품도 인기가 있습니다."

다음 날이 되었다. 조중훈은 똑같은 질문을 다시 했다.

"이보게, 한국 승객들이 요즘 제일 많이 사는 게 뭐지?"

"…."

원리 3

이번에 지점장은 아무 대답도 하지 못했다. 그러자 조중훈이 말을 꺼냈다.

"한국인들이 이렇게 해외에서 외화를 낭비하고 쇼핑을 즐기고 있으니 얼마 가지 않아 우리나라가 어려워질 거네. 우리도 마찬가지야. 지금 회사가 잘 된다고 좋아하지만 말고 어려워질 때를 미리 대비하게."

그제야 지점장은 조중훈의 진심을 알아차렸다. 그 말은 곧 대한항공뿐 아니라 한진그룹 직원들에게 보내는 말이기도 했다.

그런데 얼마 지나지 않아 우리나라에 경제적으로 큰 어려움을 가져온 IMF 사태가 찾아왔다. 다행히 조중훈의 말을 듣고 미리 어려운 때를 대비한 한진그룹은 별다른 어려움 없이 외환 위기를 극복할 수 있었다. 그의 유비무환 (有備無患, 미리 준비가 되어 있으면 걱정할 것이 없음) 정신과 미래를 내다보는 혜안이 빛을 발하는 순간이었다.

그즈음 조중훈의 나이는 어느덧 76세를 넘기고 있었다. 그럼에도 그는 손에서 일을 놓지 않고 기업을 돌보며 열정을 쏟았다.

"기업인한테 정년(직장에서 직원이 물러나도록 정해진 나이)이 어디 있나? 죽을 때까지 일을 해야지."

1999년, 조중훈은 대한항공 회장직과 함께 그룹 회장직을 맡고 있었다. 장남인 조양호는 대한항공 사장으로 대표이사직을 맡으며 아버지의 뜻을 이어 수송업을 이끌고 있었다.

그러던 어느 날, 대한항공 항공기의 사고 소식이 들려왔다. 대한항공 6316편의 추락 사고였다. 1999년 4월 15일, 중국 상하이 홍차오 국제공항을 이륙한 직후 비행기가 추락한 사고였다.

"인명 피해는?"

"기체는 산산조각이 났고 조종사 3명과 수 명의 인근 주민이 목숨을 잃었습니다. 그리고 다른 사람들은 중경상을 입었답니다."

"흐음…. 일단 사고 수습부터 철저히 하게."

조중훈은 무척 마음이 아팠다. 그는 대한항공의 조종사와 직원들에게 더욱더 안전을 강조했다. 다시는 그러한 일이 일어나서는 안 되기 때문이었다.

그런데 얼마 뒤 안타까운 소식이 잇따라 들려왔다. 화물기 한 대가 비슷한 상황에서 추락 사고가 난 것이다. 항공기 사고가 잇따라 일어나자 조중훈은 몹시 마음이 불편했다. 회사 차원에서 모든 피해 복구와 보상 문제를 해결한다고 해도 마음이 무거웠다.

며칠 동안 밤잠을 설친 조중훈은 회장실에서 두문불출(杜門不出, 밖으로 나가지 않고 안에만 있음)하며 생각에 잠겼다. 조중훈은 어떤 것이 좋은 방법인지 고민을 거듭했다. 그는 회의를 열어 열띤 토론을 했다. 한편, 정부에서는 대한항공의 경영의 혁신을 요구하고 있었다.

이후 3일간의 기나긴 회의 끝에 결론이 났다. 기업의 수장이 사고의 책임을 지는 게 옳다는 결론에 이르렀다.

"국민 여러분, 저는 이제 경영 일선에서 완전히 물러섭니다. 이제부터 대한항공은 조양호 사장이 회장직을 맡을 것이며 저는 더 이상 경영에 관여하지 않을 것입니다. 또한 일련의 대한항공의 사고에 대해서는 책임자로서 심히 책임을 통감하고 있으며 송구한 마음을 가지고 있습니다. 앞으로 대한항공은 사회적 책임을 다하는 기업으로 거듭날 것이며 대한민국의 날개

> 원리 3

로서 부족함이 없도록 하겠습니다."

조중훈이 회장직에서 물러나겠다는 사퇴 의사가 발표되었다. 이로써 조중훈은 한진과 함께한 지 50년 만에 일선에서 완전히 물러났다.

대한항공은 지금에 이르기까지 발전을 거듭나며 세계적인 항공사들과 어깨를 나란히 하고 있다. 150여 대의 항공기를 보유하고 있으며 국내외 45개국, 125개 도시에 취항하고 있고, 2004년부터 6년 연속 세계 항공 수송 화물 부문 1위, 여객부문 세계 14위를 차지하며 고객과 항공사들이 인정하는 최고의 항공사로 거듭나고 있다.

그뿐만 아니라 사회공헌에도 앞장서고 있다. 국내 최초로 남녀 스피드스케이팅 실업팀을 창단했고 여자 탁구단, 배구단 등 스포츠 후원을 통해 사회적 공헌을 하는가 하면, 문화예술 발전 지원에도 많은 후원을 하고 있다.

세계인에게 한국을 알리는 역할도 톡톡히 하고 있다. 여행자 통역 및 한국어 교육 후원 등 다양한 사회공헌으로 오늘날까지 우리나라의 날개로서의 역할을 다하고 있다.

이는 조중훈이 한진그룹을 창업할 때부터 이익에 연연하기보다 10년 뒤 20년 뒤를 내다보는 혜안과 사적인 이익보다 공익을 먼저 생각하는 사회적 배려가 만들어낸 결과일 것이다.

지금도 대한항공의 비행기는 세계의 하늘을 날고 있다. 또한 한진해운의 선박은 세계의 바다를 연결하고 있다. 한진의 길은 지금도 멈추지 않고 또 다른 길로 연결되고 있다.

아름다운 마무리

2002년, 한 해를 마무리하는 11월 각 언론매체는 수송 업계의 큰 별이 졌다는 소식을 전했다. 조중훈 회장의 부고였다.

각계에서는 고이 잠든 '수송업의 대부' 조중훈을 추모하는 물결이 이어졌다. 마지막까지 경영 일선에 나서며 활발한 활동을 보인 기업인, 일을 너무 사랑했던 사람 등 사람들은 마음속으로 조중훈을 떠올렸다.

그리고 그들은 한국 수송 업계를 이끌어간 재계 1세대인 조중훈이 이제 날개를 접고 편안하게 영면하기를 기도했다.

그룹장으로 치러진 영결식은 평소 조중훈이 애정과 정성을 쏟았던 항공기 정비기지에서 진행되었다.

"조중훈 회장님은 누구보다 열정적인 분이었습니다. 오로지 수송보국의 열정으로 오대양 육대주를 누볐으며 '나는 잠잘 때 빼고는 한시도 회사 일을 잊어본 적 없다'고 말할 정도로 기업 발전에 한평생을 바친 분이셨습니다. 또한 '사업을 통해 이익을 내는 것 말고도 기업이 국익에 도움을 줄 수 있는 길은 한두 가지가 아니다'라고 말하며 다른 국가와의 경제 협력이나 관계 개선을 위해 국가의 부름이 있으면 마다하지 않고 나섰던 애국자이기도 했습니다."

영결식에서 많은 이들은 그를 추모하며 수송보국을 향한 그의 열정과 애국심을 높이 기렸다.

원리 3

영결식은 엄숙하게 진행되었다. 대한민국을 수송 강국으로 이끌어간 역사의 산증인이었던 조중훈은 그렇게 고이 잠들었다.

이후 그의 발자취는 더욱 아름답게 빛났다.

"고(故) 조중훈 회장님의 유언을 공개합니다. 조중훈 한진그룹 회장님의 뜻에 따라 생전에 모은 재산 1,000억 원을 공익재단과 그룹 계열사에 기증하기로 했습니다."

모두가 깜짝 놀랐다. 아직까지 우리 사회에 기부 문화가 정착되지 않은 때에 1,000억 원이란 큰돈을 기꺼이 사회를 위해 내놓겠다는 것은 모두를 감동시키기에 충분했다.

그의 재산은 유언 공개와 함께 수송 물류 연구 사업과 교육 사업의 기금으로 사용되었다.

특히 교육 사업 기금은 생전에 조중훈이 정성을 쏟아 일으킨 인하학원과 정석학원, 그리고 재단법인 21세기 연구재단(현 일우재단) 등에 배분되어 우리나라를 이끌어갈 미래의 일꾼을 길러내는 일에 골고루 활용되었다.

조중훈의 정신을 이어받은 조양호 회장은 이후 대한항공을 하늘을 나는 '한국 홍보대사'로서 위상을 높였다. 외국인들에게 한국의 비빔밥을 꼭 먹어봐야 하는 한국 음식으로 인식시키고, 세계 3대 박물관에 한국어 서비스를 실시하도록 하는 등 한국을 세계에 널리 알리는 데 노력을 기울였다.

현재, 한진그룹은 여전히 대한민국 수송업의 1인자 자리를 굳건히 지키고 있다. 한진의 기업문화에는 한평생 수송업에 집중하며 수송보국을 외친 조중훈의 기업가정신이 흐르고 있다.

세상에 없던 길을 개척하며 자신만의 노선을 만들어갔던 조중훈처럼 한진은 더 높은 하늘과 더 넓은 바다를 향해 힘차게 전진 중이다.

조중훈의
성공법칙

사업은 예술이다!

　예술은 창작을 바탕으로 한다. 남들이 하는 것을 그대로 따라하면 제아무리 훌륭하다 하더라도 모방에 그치고 만다. 예술은 작가의 고유한 철학과 생각, 창의력이 보태졌을 때 비로소 세상에 단 하나밖에 없는 고유의 가치를 지니게 되기 때문이다.

　조중훈은 평소 '사업은 예술이다'라는 말을 자주 했다. 사업과 예술은 언뜻 생각하기에 다른 세계의 이야기 같지만, 조중훈은 어떠한 면에서 볼 때 두 세계가 서로 통하는 면이 있다고 생각했다. 사업과 예술, 두 가지 모두 남이 하는 대로 따라하다가는 아무런 의미 없는 모방에 그치고 말지만, 독창적인 방식으로 개척해갈 때 어떤 것과도 바꿀 수 없는 가치를 얻게 된다는 것이다.

　그래서 조중훈은 사업을 할 때 누가 했던 것을 그대로 따라하는 것은 피했다. 다른 사람이 다져놓은 길을 아무런 수고도 없이 뒤따라가는 것도 꺼려했다. 그 당시에는 그 편이 쉬워 보이고 잠깐의 이익이 될 수는 있어도 더 멀리 내다보면 그렇지 않기 때문이다.

　그 때문에 조중훈은 대한항공과 한진해운 등 기업을 운영할 때도 다른 기업이 하지 않은 독창적인 경영 방식을 선택했다. 국내 최초로 컨테이너 하역 시스템을 들여와 해운업의 새로운 문을 열었던 것, 한창 불황의 시기를 겪고 있을 때 점보 여객기를 들여와 공격적으로 항공기 노선을 개척한 것, 모두 그만의 독자적이고 창의적인 생각에서 나온 것이었다.

　예술가의 혼과 철학이 담긴 창작품이 수천 년이 지나도 아름다움을 잃지 않듯이, 경영자의 독창적인 경륜을 바탕으로 경영한 기업 역시 오랜 세월이 지나도 변치 않는 생명력으로 역사에 남기에 조중훈은 장인 정신으로 기업을 경영하고자 했던 것이다.

3. 조중훈 할아버지, 질문 있습니다!

평생토록 땅과 하늘과 바다의 길을 열어간 정석 조중훈. 남들이 가지 않은 일에 과감히 도전하는 개척 정신과 남들이 하지 않는 방법으로 일을 해결하는 창의력, 남들과 더불어 살아가려는 나눔 정신으로 일생을 살아온 조중훈이 다시 우리 곁으로 돌아온다면 어떤 이야기를 해주고 싶을까?

멈추지 않는 도전 정신과 무한한 창의력을 지녔던 그의 이야기를 들어보자.

할아버지의 호(號)가 '정석'인데, 무슨 의미인가요?

'정석'은 아버지께서 지어주신 아명(아이 때의 이름)입니다. 워낙 어렸을 때부터 호기심이 많았기 때문에 조용히 앉아서 있는 것보다 몸을 움직이는 것을 좋아했어요. 그러다 보니 손에 들려있는 기계제품들은 분해되기 십상이었고, 그 속을 들여다보면서 즐거움을 느끼곤 했습니다.

그래서 그 모습을 보시던 아버지께서 '정석(靜石)'이라고 불러주었습니다. 한자로만 풀이하면 '고요할 정(靜)', '돌 석(石)', '고요한 돌'이란 의미지만 한편으로 또 다른 속뜻이 있습니다.

어릴 때부터 집안을 분주하게 돌아다니고 뚝딱거리며 무엇이든 만드는 걸 좋아했던 저에게 아버지께서는 '동(動)'과 '정(靜)'이 조화를 이룬 사람이 되라는 뜻에서 정석이란 아명을 지어주신 겁니다. 말하자면 '활발함'과 '고요함'을 적절히 섞은 사람이 되라는 의미였겠지요. 그때부터 제 호(號, 본명 이외에 쓰는 이름)는 '정석'이 되었고 그 후 기업을 이끌면서 '정석학원', '정석비행장' 등 제 호를 붙인 곳이 늘어났습니다. 공부하는 학생들과 미래 조종사를 꿈꾸는 인재들에게 필요한 것 역시 제 호에 담긴 의미처럼, '동'과 '정'의 조화라고 생각합니다.

어린 시절의 이야기를 들어보면 호기심이 무척 많았던 것 같습니다. 호기심이 많은 것은 장점인가요?

 제 생각에는 장점 중 하나입니다. 남보다 호기심이 많다는 것은, 남보다 생각을 많이 한다는 것입니다. 생각을 많이 하다 보면 그중에 톡톡 튀는 창의적인 생각을 할 수 있지요. 저는 어린 시절부터 유독 호기심이 많았습니다. '이건 왜 이렇게 될까', '저건 저렇게 바꾸면 어떨까' 같은 호기심이 생기면 꼭 해봐야 직성이 풀렸습니다. 그렇게 직접 몸으로 부딪히며 다양한 경험을 쌓은 덕분에 그것들이 나중에 저에게 많은 도움이 되었습니다.

트럭 한 대로 한진상사를 설립했을 때도 미군 부대를 지나다니며 그곳의 물자는 어떻게 운송이 되는지 호기심을 가지고 관심을 가졌기 때문에 그들과 교류할 수 있는 길이 열린 것이라 생각합니다. 그때 그런 마음 없이 남들과 똑같이 일을 했다면 오늘날 한진은 없었을 것입니다.

호기심이 많다는 것은 단점보다는 장점일 수 있습니다. 다만, 호기심이 많은 것으로만 끝나서는 안 됩니다. 호기심을 실천에 옮겨 경험으로 만들어야 훗날 귀한 재산이 되는 것이지요.

집안이 어려워서 학업을 포기하셨잖아요. 굉장히 속상하셨을 것 같아요. 어렸을 때 어려웠던 가정 환경이 인생에 어떤 영향을 미쳤다고 보세요?

 어렸을 적 우리 집은 잘살았지요. 그런데 아버지께서 직물점을 운영하시다 갑자기 사업이 어려워지면서 가정 형편이 안 좋아졌죠.

둘째였던 저는 조금이라도 가정에 보탬이 되고자 과감히 학업을 포기했습니다. 대신 진해해원양성소란 곳에서 교육을 받은 뒤 배에 올랐죠. 그리고 일본으로 건너가 낮에는 조선소에서 일하고 밤에는 공부하며 기관사 자격증을 따기 위해 고된 시간을 보냈습니다. 그러한 경험들이 나중에 기업을 경영하는 데 많은 도움이 되었습니다. 그때 일을 하면서 넓은 시야를 갖게 되었기 때문이지요.

그러고 보면 불우한 환경이라고 해서 너무 속상해할 필요는 없는 것 같습니다. 당시에는 몸과 마음이 고되기 때문에 모든 걸 다 포기하고 싶다는 생각을 할 수도 있지만, 그렇게 고생했던 것들이 시간이 흐르면 나를 더욱 성숙하게 만드는 인생의 자양분이 될 수 있기 때문입니다.

여러분도 불우한 환경 때문에 좌절해서는 안 됩니다. 그 당시는 어려울지 몰라도 훗날 자신의 경험이 어떤 좋은 기회를 가져다줄지 모르기 때문입니다.

수송업에만 집중하셨는데요. 수송업이 왜 중요한가요?

 수송업은 우리의 몸속에 있는 혈관이나 마찬가지입니다. 피가 만들어지면 혈관은 피가 온몸 곳곳으로 갈 수 있도록 하는 통로 역할을 하지요. 수송업 또한 산업과 경제에서 그러한 혈관 역할을 합니다. 물건을 만들면 그것이 필요로 하는 곳까지 잘 전달될 수 있도록 하는 것이 수송업이니까요. 우리 몸속에 피가 잘 돌아야 사람이 건강해지듯, 물류의 이동이 원활해야 산업이 발전하고 경제가 튼튼해지는 법입니다.

제가 수송업을 선택한 것은 그것이 꼭 필요한 일이며 누군가는 해야 하는 가치 있는 일이라는 확신이 있었기 때문입니다. 제가 초창기에 한진상사를 시작했을 때, 인천항을 통해 쉴 새 없이 들어오는 화물들을 다른 지역으로 이동시킬 사람이 필요했죠. 그래서 트럭 한 대를 마련해 수송업을 시작했습니다. 그리고 그것을 시작으로 하늘길, 바닷길을 통한 수송업을 이어가며 '수송 외길'을 걸었습니다.

물류 공급이 원활하게 될 수 있도록 한진그룹이 대한민국의 튼튼한 혈관 역할을 하였기에 빠른 속도로 발전하고 있던 한국경제에 보탬이 될 수 있었다고 생각합니다.

대한항공과 한진해운을 통해 수송업을 하시면서 어려운 일이 많으셨을 텐데요 가장 힘들었던 때는 언제였나요? 그리고 어떻게 해결했나요?

 아무래도 가장 힘들었던 때는 세계적인 석유 파동 때가 아니었을까 싶어요. 우리나라는 석유를 생산하는 나라가 아니기 때문에 기름값을 조절할 수도 없고, 그저 당하는 입장이었기 때문에 굉장히 힘들었습니다.

하지만 저는 그러한 와중에 분명히 길이 있다고 믿었습니다. 석유 파동으로 인해 많은 기업이 쓰러졌지만 저희 한진은 살아남는 방법을 찾았습니다. 자금 면에서 힘들다고 해서 무조건 돈을 쓰지 않는 건 좋은 방법이 아니에요. 돈을 쓰되, 미래에 도움이 될 수 있는 분야에 투자해야 합니다.

우선 대한항공은 석유 파동이 벌어졌을 때 항공 경비를 줄이는 방법을 찾으면서 적극적으로 노선을 개척했습니다. 또, 점보 여객기를 들여와 공격적인 경영을 했지요. 한진해운 역시 마찬가지였어요. 획기적인 신소재로 선박을 건조하도록 했습니다. 결과적으로 그러한 시도들이 위기를 견뎌내고 난 뒤 효자 역할을 했습니다.

여러분도 자신에게 처한 상황이 어려워지더라도 주저앉지 마세요. 움츠러들 필요도 없습니다. 당당히 자신의 길을 걷다 보면 반드시 길은 열리게 되어 있기 때문입니다. 오히려 힘들 때일수록 더욱 적극적으로 일을 해결하려다 보면 좋은 기회들이 찾아오고, 그것이 곧 또 다른 길이 될 수 있습니다.

 사업을 할 때도 예술적으로 하라고 하셨는데요, 예술적으로 사업을 한다는 게 어떤 의미인가요? 그리고 그렇게 하려면 어떤 노력을 해야 할까요?

 제 취미 중에는 예술 분야가 많습니다. 평소 사진 찍는 것을 좋아하고, 그림을 그리거나 시를 즐겨 쓰곤 하죠. 예술 작품들은 저마다 가치를 지니고 있습니다. 다른 것과 바꿀 수 없는 고유한 가치로 빛을 발하죠. 아마 그런 점에 제가 반한 것 같아요.

사업도 마찬가지라고 생각해요. 사업도 예술의 하나입니다. 제가 가장 싫어하는 게 남들이 닦아놓은 길을 아무런 수고 없이 그대로 걸어가는 겁니다. 그래서 남과는 다른 방법을 늘 생각했죠. 그러다 보니 나만의 길이 보이더라고요. 항공사나 해운사를 경영할 때도 우리만의 새로운 방식으로 일했습니다. 이렇게 예술가적인 마음가짐으로 창조하듯 사업을 하다 보니 한진만의 색깔, 한진만의 기술이 쌓였습니다.

또 하나, 사업을 예술로 생각하는 이유는 그 안에 진심을 쏟아넣어야 하기 때문입니다. 예술가가 예술작품을 완성시킬 때 혼신의 힘을 다하는 것처럼 사업도 마찬가지예요. 그렇게 될 때 예술이 높이 평가받듯 사업도 좋은 평가를 받으며 이익을 남길 수 있다고 생각합니다.

인맥이 무척 좋으셨는데요, 인간 관계를 잘 유지하려면 어떻게 하는 게 좋을까요?

저는 운이 좋은 사람입니다. 때마다 좋은 사람들을 만났고, 그들에게서 많은 도움을 받았습니다. 그리고 사업을 하면서 여러 나라의 다양한 사람들과 두루 인연을 맺으며 친분을 쌓을 수 있었습니다.

저를 보고 사람들은 인맥이 좋다고 하는데, 사실 인맥 관리에 특별한 비결이 있는 것은 아닙니다. 저는 항상 사람과의 인연을 소중하게 여겼기 때문에, 한번 맺은 인연은 끝까지 이어가기 위해 애썼죠. 또, 저는 항상 상대방에게 먼저 다가서려고 노력했습니다. 사람과 사람 사이의 일도 자신의 노력으로 충분히 달라질 수 있기에 정성을 다했습니다.

친구 관계도 마찬가지예요. 먼저 다가서지 않고 상대방이 다가오기만을 기다려서는 안 됩니다. 많은 친구들과 사귀고 싶다면, 내가 먼저 다가가 애정과 관심을 상대방에게 먼저 보여주세요. 그렇게 한다면 주위 사람들과의 관계가 더욱 돈독해질 것입니다.

무척 검소하셨다고 들었는데요, 어느 정도로 검소하셨는지 궁금해요.

 많은 사람들이 아마 제가 대기업의 회장이니 돈을 많이 쓸 것이라고 생각합니다. 하지만 저는 꼭 써야 할 곳에만 돈을 쓰고 쓸데없는 곳에는 낭비하지 않았습니다. 어릴 적 갑자기 집안이 어려워진 탓에 아주 오래전부터 뭐든지 아껴 쓰고 절약하는 습관이 몸에 배었기 때문입니다. 또한 일본 조선소에서 일을 하며 힘들게 돈을 벌어봤기 때문에 돈의 소중함을 일찍 알았죠.

기업의 대표가 된 뒤에는 어떻게 하면 회사의 돈을 가치 있는 곳에 쓸 수 있을지 더욱 많은 고민을 해야 했습니다.

그래서 저는 외국에 나갈 때도 고급 좌석은 되도록 이용하지 않았어요. 한번은 제 아들이 고등학교 2학년 때 미국 유학을 떠나게 되었는데, 마침 미국으로 가는 화물기가 있어 아무 망설임 없이 화물기를 이용했습니다. 일부러 다른 곳에 돈을 쓸 필요가 없었거든요.

숙소를 정할 때도 마찬가지였습니다. 저는 해외 출장을 가도 호텔에서 묵는 일은 거의 없었어요. 대신 대한항공 지사가 각 도시마다 있으니 그곳 숙소를 이용했습니다. 먹는 것도 약속이 없을 땐 직접 사와서 간단하게 조리해서 먹었고요. 다른 사람을 대접할 때는 몰라도 자기 자신을 위해서는 그리 호사스러운 생활을 하지 않는 게 좋다고 생각했지요.

돈은 써야 할 곳에 써야 하는데, 특히 저와 같이 많은 직원들을 관리해야 하는 기업의 대표라면 자기 자신보다 많은 사람들이 이익을 누릴 수 있는 곳에 현명하게 쓰는 게 맞다고 생각합니다.

 공부시키는 일에는 아낌없이 돈을 쓰셨잖아요. 공부가 왜 중요하다고 생각하시는 건가요?

 공부는 좀 다릅니다. 하고 싶어도 형편상 공부를 하지 못 하는 사람들의 심정을 저는 잘 압니다. 그래서 공부를 하고자 하는 사람들을 돕는 일이나 어려운 환경의 이웃을 돕는 일에는 돈을 아끼지 않았어요. 그것이 바로 꼭 써야 할 돈이라고 생각했기 때문입니다. 그래서 소년소녀 가장과 공부를 하고 싶어도 못 하는 학생들을 위해 아낌없이 장학금을 지급했습니다.

매년 250명 학생에게 8,000만 원 정도의 장학금을 지급했는데요, 그 친구들이 하고 싶었던 공부를 하고 훌륭한 인재로 성장해 사회로 나가는 모습을 볼 때면 참 뿌듯했습니다. 그들이 사회에 나가서 필요한 사람이 되는 데 조금이라도 보탬이 될 수 있어 참으로 기뻤죠.

공부는 참 중요합니다. 꼭 학교에 가서 수업을 듣지 않더라도 공부하는 자세가 필요해요. 어떤 사람은 학교 공부를 마치면 공부가 끝난다고 생각하지만 그렇지 않아요. 교과서를 통해 배우는 것만이 공부가 아니라, 자신에게 부족한 것을 인생을 통해 배우는 것 또한 공부이기 때문입니다. 사람은 늘 부족하기 때문에 계속해서 배우며 살아야 합니다.

저 역시 학창 시절 마음껏 공부하지 못한 것에 대한 아쉬움이 컸기 때문에, 훗날 기업을 운영하는 동안에도 학교를 다니며 못 다한 학업을 이었습니다. 이에 부족하지만, 프랑스 루앙대학교로부터 명예 경영학 박사 학위를 받았고, 한국해양대학교에서도 명예 공학박사 학위를 받았죠. 끊임없이 배우고자 했던 것들이 기업을 경영하는 데 큰 도움이 되었던 것이지요.

간혹 공부를 짐으로 생각하는 친구들이 있습니다. 하기 싫은 것을 억지로 해야 하는 마음 때문에 그럴 겁니다. 공부는 평생 해야 하는 것이라는 생각으로 먼저 느긋한 마음을 갖길 바랍니다. 그러다 보면 언젠가 공부의 즐거움과 유익함을 느낄 수 있을 겁니다.

청소년들에게 꼭 한 가지 필요한 습관을 권하신다면, 어떤 것을 말씀해주고 싶으신가요?

 두말 않고 독서하는 습관을 권하고 싶어요. 저는 어렸을 때부터 책 읽는 것을 무척 좋아했고 즐겼습니다. 옛날에는 지금처럼 읽을 책이 많지 않았고 책을 구하는 일도 쉽지 않았어요. 그래서 저는 책을 읽을 기회만 생기면 읽었어요. 일본에서 어렵게 생활할 때도 헌책방에 앉아 낡은 책장을 넘기며 읽었던 기억이 납니다.

책 속에는 무한한 가능성의 세계가 있어요. 기업을 경영할 때도 책을 통해 얻은 것이 저에게 큰 재산이 되었습니다. '책 속에 길이 있다'고 하지요? 그 말을 저는 직접 체험했습니다. 책을 통해 항공기에 대해 배웠고 선박 기술을 배웠죠. 또한 최신 서적을 탐독하며 새로운 기술과 신소재를 파악했기 때문에 남보다 앞서 갈 수 있었습니다.

또한 책은 앞으로의 시대를 예상할 수 있도록 해줍니다. 미래를 바라보는 안목을 갖게 해준다는 점에서 독서는 매우 중요합니다.

여러분, 꼭 이루고 싶은 꿈이 있다면 독서를 게을리하지 마세요. 늘 책을 곁에 두면서 독서가 습관이 되도록 하세요. 언젠가 그 습관이 여러분에게 큰 힘이 되어줄 거라고 저는 확신합니다.

지금까지 하신 일 중에 가장 자랑스럽게 여기는 일이 있으신가요?

 한진이라는 큰 그룹을 이루고 기업의 대표가 되었다는 사실도 자랑스럽지만, 그에 못지않게 프랑스를 비롯한 오스트리아, 독일, 몽골 등에서 받은 9개의 훈장이 자랑스러워요. 이 훈장들은 제가 한국과 외국 사이의 민간인으로서 외교관 역할을 잘 해냈다는 것을 알려주는 표시이기도 합니다.

기업을 경영하면서 이윤만 좇으며 살 수도 있지만, 저는 언제나 나라의 이익이 되는 일을 더 우선하려고 했습니다. 그래서 대한항공을 경영할 때도 국적기가 닿는 곳이 곧 우리 땅이라는 생각으로 나라와 나라를 연결하는 다리 역할에 최선을 다했습니다.

돌아가시기 전에 재산을 사회에 환원하셨는데요, 그 모습이 참 대단하다고 느껴져요.

 번 돈을 사회에 되돌려주는 건 당연한 일입니다. 어떤 이들은 자신이 가진 것을 움켜쥐려고만 하는데 그건 결과적으로 좋은 게 아니에요. 모래를 손에 꽉 움켜쥐려고 하면 할수록 손가락 사이로 모래알이 다 빠져 나가는 것처럼, 재산도 마찬가지입니다. 쓰여야 하는 곳에 올바르게 쓰는 것이, 버는 것보다 더 중요하다고 저는 생각합니다.

제가 오늘날 큰 기업을 이룰 수 있었던 것은 저 혼자만의 노력이 아니라 많은 사람들의 도움이 있었기 가능했던 것입니다. 그러니 그들의 수고에 조금이라도 보답하는 길은 그동안 번 돈을 사회에 되돌려주어서 좋은 일에 쓰이게 하는 것이지요. 그렇게 함으로써 좋은 사회를 만드는 데 도움이 될 수 있다면 저는 더 이상 바랄 것이 없습니다. '나눔'으로 저는 더 큰 것을 얻었으니 말입니다.

사업에서 성공을 거둔 가장 큰 이유는 무엇이라고 생각하세요? 그 비결을 우리 청소년들에게 알려주세요.

 저는 '신용'과 '노력'이라고 생각합니다.
　기업을 이끌어가면서 제가 가장 중요하게 생각한 것은 신용입니다. 기업을 하다 보면 이윤을 좇아가게 되는데 그러다 보면 신용을 깨뜨리는 경우도 생깁니다. 저는 좀 손해를 보더라도 상대와의 약속은 지키려고 항상 노력했습니다.
　한 예로, 우리 한진이 미군의 물자 수송을 맡았을 때, 한 직원이 그 물자를 통째로 남대문 시장에 팔아넘긴 일이 있었어요. 미군들이 입는 겨울용 파카였는데 어떻게 생각하면 없어진 물건만큼 돈을 보상해주면 간단히 끝날 수도 있는 문제였습니다. 하지만 그들이 우리에게 일을 맡긴 것은 화물을 제대로 수송하고 원하는 곳까지 안전하게 가져다달라는 의미였지요. 그래서 직원에게 남대문 시장에 옷이 풀리면 모두 수거해오게끔 했습니다. 결국 며칠에 걸쳐 파카를 모두 사들였고 그 물건을 다시 수송할 수 있었습니다. 돈은 몇 배로 더 들었지만, 그 이후 한진의 신용도는 더욱 올라갔습니다. 이처럼 신용을 지킨다는 것은 무척 중요합니다.
　또 하나는, 노력하는 자세입니다. 저는 젊었을 때 어려운 환경에서 일하면서도 열심히 공부했습니다. 그러면서 깨달은 것은 행운은 남이 거저 가져다주는 것이 아니라 스스로 노력할 때 다가온다는 것이었지요. 그래서 남보다 더 많이 뛰고, 남보다 더 적게 자며, 남보다 더 많이 생각했습니다. 남보다 더 노력하니 그때그때 길이 보이고 오늘의 한진그룹을 키울 수 있었어요.

노력에 이길 장사가 없다는 말이 있습니다. 가지고 있는 재능이나 타고난 환경이 좋다고 해도 노력하지 않으면 성장과 발전은 없습니다.

그렇기에 여러분 모두 자신의 자리에서 최선의 노력을 다하고 신용을 목숨처럼 여기는 정직한 사람이 되길 바랍니다. 그렇게 할 때 여러분 앞에 값진 행운이 다가올 것입니다.

에필로그

다시 날개를 펴고

2002년 정석 조중훈 회장의 부고가 세상에 알려졌다. 조중훈 회장은 마지막까지 손에서 일을 놓지 않을 정도로 정열적으로 일했던 기업인이었다. 수송계의 거목이 떠나감에 세상은 안타까워했다.

그가 떠난 빈자리엔 '동북아 물류 중심 국가'라는 한국의 밝은 미래가 있었다. 조중훈 회장이 두고 간 선물이었다.

스물다섯의 나이에 시작한 수송업은 해방과 전쟁, 격동의 반세기를 거치며 발전을 거듭한 대한민국의 역사와 함께했다. 한 기업인이 걸어간 길이 곧 한국경제의 한 단면을 보여줄 만큼 한진그룹이 보여준 기업의 역사는 화려했다. 그 화려함 속에는 치열한 노력과 남과 다른 독창적인 아이디어가 있었다.

수송 외길을 걸었던 거인이 떠나간 자리에는 수많은 길이 열렸다. 대한항공과 한진해운, 주식회사 한진 등 한진그룹이 만들어간 길은 꼬리에 꼬리를 물고 세계로 뻗어갔다. 그리고 지금 한진그룹은 더 높은 하늘, 더 깊은 바다, 더 넓은 길을 개척하기 위해 힘차게 나아가고 있다. 한 청년의 꿈이 우리나라를 수송 강국으로 이끈 셈이다.

중국의 유명한 작가인 루쉰의 소설에 이런 글이 나온다.

'원래 땅 위에는 길이란 게 없었다. 걸어가는 사람들이 많아지면 그게 곧 길이 되는 것이다.'

용기 있는 누군가에 의해 길이 만들어지고, 그 뒤를 이어 걷는 이들로 길이 닦이는 것이다. 조중훈 회장을 비롯해 한국경제를 이끌어간 경제거인들은 바로 그러한 길을 개척했던 이들이었다. 그들의 한발 앞선 걸음으로 길이 만들어졌고, 우리나라는 발전을 거듭했다.

　조중훈 회장이 떠난 지 10년도 훌쩍 지난 현재, 그가 걸어간 길은 후대의 사람들로 인해 더욱 발전하며 다양한 갈래로 뻗어가고 있다.

　이제 여러분이 길을 만들어갈 차례이다. 원래부터 길은 없었다. 꿈과 이상을 향해 한발 한발 내딛다 보면 여러분이 걸어가는 곳에 길이 열릴 것이다. 조중훈 회장이 평생에 걸쳐 한 분야에서 최고가 되겠다는 목표를 세우고 차근차근 노력했던 것처럼, 여러분도 좌절하지 않고 최선을 다하다 보면 어느덧 성공의 날개를 달 수 있을 것이다.

정석 조중훈 회장 연보

- : 시대 배경
- : 조중훈 회장 한진그룹 성장사

1920 — 서울시 서대문구 출생

1937 — 진해해원양성소 2년 수료

1940 — 한국 광복군 창설
중국 충칭에서 조직한 대한민국 임시정부의 군대

1941 — 대한민국 임시정부 건국 강령 발표

1950 — 농지개혁 실시 / 6·25전쟁 발발

1952 — 한미 경제조정에 관한 협정 체결 / 국내 최초 플라스틱 자체 생산

1953 — 6·25전쟁 휴전 / 1인당 국민소득(GNI) 67달러

1954 — 산업은행 설립

8·15광복
우리나라가 일제의 식민 통치에서 벗어나 자주독립함

유엔한국임시위원단 구성
5·10총선거의 공정한 감시 및 관리를 위해 조직한 유엔 산하의 임시기구

대한민국 헌법 공포
대한민국 정부 수립
이승만 대통령 취임

——●————————●————————●——
1945　　　　　1947　　　　　1948

한진상사 설립

대한증권거래소 설립

울산 영남화학, 진해화학 건설

국내 최초 라디오 개발·생산
충주 비료공장 건설

——●————————●————————●——
1956　　　　　1958　　　　　1959

주한 미8군과 군수 물자 수송 계약 체결

1961
- 중소기업은행 설립
- 국내 최초 전화기 개발·생산
- 서울 텔레비전 방송국(KBS) 개국

- 한진관광㈜ 설립
- ㈜한국항공 설립

1962
- 제1차 경제개발 5개년계획 실시
  국민경제 발전을 위해 5년 단위로 추진한 경제계획
- 대한석유공사 출범, 울산공업단지 건설

1964
- 수출 1억 달러 달성, '수출의 날' 지정

1968
- 국민교육헌장 선포
  당시 대한민국 교육의 지표를 담은 헌장

- 한일개발㈜ 설립
- 학교법인 인하학원 이사장 취임

1969
- 호남정유 여수공장 가동

- ㈜대한항공 사장 취임
- 국내 최초 육상 컨테이너 운송 계약 체결

1970
- 새마을운동 시작
  1970년부터 시작한 범국민적 지역사회 개발운동
- 경부고속도로 완공

1965
대한석유공사 울산정유공장 가동
구로수출공단 건설

1966
여천공업단지 건설

베트남 파견 미군과 군수 물자 수송 계약 체결

1967
제2차 경제개발 5개년 계획 실시

동양화재해상보험㈜ 인수
고려대학교 경영대학원 졸업

1971
수출 10억 달러 달성

전국경제인연합회 부회장

1972
제3차 경제개발 5개년계획 실시
7·4남북공동성명
남북한 당국이 국토 분단 이후 최초로 통일과 관련하여 합의·발표한 역사적인 공동성명

㈜한진 회장 취임

1973
중화학공업 육성 계획 발표
포항 제철소 1기 설비 준공
울산 초대형 조선소 건설

한일증권㈜(현 메리츠증권) 설립
한불경제협력위원회 위원장 피선

1974 — 중동 진출 시작, 수주액 2억 6,000만 달러 달성 / 서울 지하철 1호선 개통

1975 — 울산 종합자동차공장 건설

1976 — 국내 최초 국산 자동차 생산

1982 — 국내 최초 인터넷 연결 / 국산 전투기(제공호) 생산

1983 — 반도체 산업 진출 선언, 국내 최초 세계 세 번째 64K D램 생산

1984 — 외국인 전용투자 펀드인 코리아 펀드 설립

1977
제4차 경제개발 5개년 계획 실시
수출 100억 달러 달성

㈜한진해운 설립
한불종합금융㈜ 설립

1979
학교법인 정석학원 설립

1981
수출 200억 달러 달성

1985
국내 조선업 세계 조선 부문 세계 1위 달성

1986
서울아시안게임
서울에서 열린 아시아인의 국제종합경기대회

의료법인 한미병원 (현 인하병원) 인수

1987
대한준설공사(현 한진종합건설) 인수
대한선주 인수

1988
- 국내 자동차 생산 100만대 돌파
- 국내 최초 휴대전화 생산
- 24회 서울올림픽 개최
  '화합·전진'이라는 구호 아래, 전 세계 160개 국이 참가하여 올림픽 사상 최대 규모로 진행, 우리나라는 종합 4위를 차지함. 전 세계에 우리나라를 알리는 계기가 됨
- 남극세종과학기지 준공
  남극 킹조지 섬에 건설한 한국 최초의 남극과학기지

1989
- 대한조선공사(현 한진중공업) 인수
- 한진정보통신 설립

1990
- 프랑스 레종 도뇌르-그랑 오피시에 훈장

1995
- 1인당 국민소득(GNI) 1만 달러
- 수출 1,000억 달러 달성
- 방송통신위성 무궁화호 1호 발사
  국내 최초의 상용 위성이며 통신용 정지궤도위성
- 거양해운 인수

1996
- 경제협력개발기구(OECD) 가입

1997
- IMF(국제통화기금) 구제금융 요청

1991

남북한 유엔 동시가입
제46차 유엔총회에서 남북한이 각각 독립된 국가의 자격으로 유엔에 가입, 이로써 남북한의 국제적 지위 향상

21세기 한국연구재단 (현 일우재단) 설립

1992

세계 반도체 시장 1위 달성

정보통신진흥기금과 통신사업 자출연금 조성

국내 최초의 인공위성 우리별 1호 발사
이로써 우리나라는 세계에서 22번째 인공위성 보유국이 됨

중국과 국교 수립

1994

아시아 최초 상용 인터넷 서비스 개시

1998

독일 연방공화국 십자공로대훈장

1999

중공업·건설 부문 3개사 합병

2002

11월 17일 타계
국민훈장무궁화장

참고문헌

《경영의 신에게 배우는 1등 기업의 비밀》, 매일경제산업부, 매일경제신문사, 2010

《내가 걸어온 길》, 조중훈, 나남, 1996

《한진중공업그룹 70년사》, 한진중공업그룹, 한진, 2010

《창업주 DNA서 찾는다》, 아시아경제신문, FKI미디어, 2010